水上无人艇技术的
发展与应用

韩 伟 杜小龙 王海源 著

西北工业大学出版社
西 安

【内容简介】 全书分为8章,主要内容包括水上无人艇技术概论、结构体系、艇体技术、自主决策与规划、运动控制技术、导航与通信技术、多体协同技术以及发展方向等。本书结构严谨,内容丰富,兼具学术价值与实用价值。

本书可作为高等院校航海科学与技术,交通信息工程及控制和交通运输工程等相关专业本科生及研究生的教材,也可供从事水上无人艇(USV)船舶通航安全管理、水上交通管理、船舶及港口智能化等领域的科研、设计、管理和工程技术人员阅读参考。

图书在版编目(CIP)数据

水上无人艇技术的发展与应用/韩伟,杜小龙,王海源著. —西安:西北工业大学出版社,2023.10
ISBN 978-7-5612-8975-4

Ⅰ.①水… Ⅱ.①韩… ②杜… ③王… Ⅲ.①无人驾驶-水面舰艇-导航系统 Ⅳ.①U674.7

中国国家版本馆 CIP 数据核字(2023)第 192235 号

SHUISHANG WURENTING JISHU DE FAZHAN YU YINGYONG
水 上 无 人 艇 技 术 的 发 展 与 应 用
韩伟 杜小龙 王海源 著

责任编辑:张 潼		策划编辑:张 婷	
责任校对:孙 倩		装帧设计:金世达	
出版发行:西北工业大学出版社			
通信地址:西安市友谊西路127号		邮编:710072	
电 话:(029)88493844,88491757			
网 址:www.nwpup.com			
印 刷 者:西安真色彩设计印务有限公司			
开 本:787 mm×1092 mm 1/16			
印 张:9.875			
字 数:228千字			
版 次:2023年10月第1版 2023年10月第1次印刷			
书 号:ISBN 978-7-5612-8975-4			
定 价:70.00元			

如有印装问题请与出版社联系调换

前　言

近年来，随着现代通信技术、计算机技术、自动控制技术和人工智能技术的发展，水上无人艇（Unmanned Surface Vessel，USV）的相关研究和工程实践已经成为当前水路交通运输领域的一个热点。整体上看，国内 USV 的研发虽然呈现百花齐放的局面，但总体水平仍处于起步阶段。USV 相关技术的发展不仅是实现和探索大型船舶智能化、无人化的重要载体，而且在生产实践中具有广泛的用途，比如水上测绘、水域巡航、水上环境监测、水上应急等领域，都有 USV 适用的场景。

USV 的研发与产业化是当前水运交通事业绿色化和智能化发展的重要研究热点之一。基于此，笔者结合自己多年的工作与实践经验撰写了本书，希望对我国无人艇相关领域的研究起到抛砖引玉的作用。

本书内容丰富新颖，理论与实践相结合，具有较强的实用性与指导性，读者通过阅读本书可以更加全面地掌握无人艇技术的发展，了解无人艇技术的相关应用。

本书由陆军工程大学训练基地韩伟、杜小龙和王海源共同撰写。撰写分工如下：韩伟负责撰写本书第一章至第三章的内容；杜小龙负责撰写本书第四章至第五章的内容；王海源负责撰写本书第六章至第八章的内容。韩伟做了本书的统稿工作。

在撰写本书的过程中，笔者参阅了大量有关潜艇、无人艇方面的资料或文献，在此，谨向其作者表示最诚挚的谢意，并将相关参考文献列于书后。同时为了保证论述的全面性与合理性，笔者也借鉴了相关专家、学者的观点。

由于笔者水平有限，相关的理论和技术还在不断地完善之中，书中难免存在疏漏和不足之处，恳请读者批评指正。

著　者

2023 年 2 月

目 录

第一章 水上无人艇技术概论 ··· 1
第一节 水上无人艇的基本概念与特点 ································· 1
第二节 水上无人艇的国内外发展概况 ································· 3
第三节 水上无人艇技术的发展趋势 ····································· 9
第四节 水上无人艇发展的关键技术 ···································· 10

第二章 水上无人艇的结构体系 ·· 12
第一节 水上无人艇的物理体系 ·· 12
第二节 水上无人艇逻辑架构 ··· 16
第三节 水上无人艇的结构设计及优化 ································ 21

第三章 水上无人艇艇体技术 ·· 25
第一节 水上无人艇艇体选型及艇型特点 ···························· 25
第二节 滑行艇艇型设计参数 ··· 38
第三节 半滑行艇艇型设计参数 ·· 45
第四节 滑行艇阻力的计算方法 ·· 47

第四章 水上无人艇的自主决策与规划 ···································· 51
第一节 水上无人艇的自主性 ··· 51
第二节 水上无人艇的全局路径规划 ··································· 65

第五章 水上无人艇的运动控制技术 ······································· 71
第一节 经典控制技术 ··· 71
第二节 智能控制技术 ··· 74
第三节 控制器优化方法 ·· 98

第六章 水上无人艇的导航与通信技术 ··································· 102
第一节 水上无人艇的卫星导航技术 ··································· 102
第二节 水上无人艇的捷联惯导技术 ··································· 104
第三节 水上无人艇的组合导航技术 ··································· 106
第四节 水上无人艇的无线电通信技术 ································ 108
第五节 水上无人艇的卫星通信技术 ··································· 111
第六节 水上无人艇的数据链技术 ······································· 112

第七章 水上无人艇的多体协同技术 ·· 116
第一节 多水上无人艇协同技术基础 ·· 116
第二节 多水上无人艇协同任务规划 ·· 119
第三节 多水上无人艇协同导航与控制技术 ·································· 126

第八章 水上无人艇的发展方向 ·· 134
第一节 波浪滑翔器 ·· 134
第二节 多航态无人航行器 ·· 139

参考文献 ·· 143

第一章　水上无人艇技术概论

第一节　水上无人艇的基本概念与特点

一、水上无人艇的定义及特点

水上无人艇是一种具有自主导航、自主避障和自主探测目标区域环境信息等功能的特殊水面无人平台，具有较强的海洋环境适应性、较大的作业/作战半径以及良好的隐身性和抗倾覆能力，可通过大、中型舰船或岸基站来布放和回收。该平台包括水翼艇和半潜艇（即持续通气管状态的平台），但不包括在水下或近水面活动的无人潜航器、气垫艇、表面效应艇等不与水面连续接触的平台。

与传统水面舰船相比，水上无人艇具有以下特点：

(1)小型轻便，速度快，便于搭载，反应快速，机动能力强。水上无人艇体积和吨位小，采用高性能船型，平时存放在母船上，需要时可快速驶往目标海域，能较长时间、远距离航行。

(2)隐蔽性好，生存能力较强。水上无人艇采用新材料和新技术，体积小，雷达散射截面积小，噪声小，艇体物理场弱，并可利用其小型和高速的特点，在海浪和岛礁等近岸复杂环境的掩护下，轻松躲避岸基雷达站和舰载探测系统的搜寻和捕捉，遭毁伤概率小，可以隐蔽地出入特殊海区，伺机执行任务。

(3)活动海域广，有效使用时间较长。水上无人艇吃水浅，对航道和港口等处的水深要求低，大大扩展了其活动海域。由于无人操作，不必考虑人的适应性，其作业受气候海况的影响相对较小，在一定海况下可全天候值勤，有效使用时间较长，具有在复杂海域或较恶劣海况下执行任务的能力。

(4)无人员伤亡。水上无人艇可在高危海域长时间活动，能完成有可能危及人员安全的任务。

(5)建造与使用成本低，便于多艇集群使用。通过在一个海域内部署多艘水上无人艇，水上无人艇之间以及水上无人艇与无人机(Unmanned Aerial Vehicle，UAV)、水下无人航行器(Unmanned Underwater Vehicle，UUV)、舰艇之间协同作战，发挥网络协同作战的优势，提高对海域内空中、水面和水下的立体信息感知度。

(6)模块化设计与建造,担负多样化的使命任务。水上无人艇的设计与建造采用模块化结构,通过更换任务模块可执行不同的使命任务。它可用作侦察艇,通过各种传感器对海区海情进行监视和测控;可用作巡逻艇,在危险水域长时间游弋,为要地设施提供长时间的持续巡逻预警;可用作反水雷艇,通过扫雷系统清除战区的水雷;可用作反潜舰,用声呐系统等搜捕敌方潜艇;可用于执行反恐、缉私、打击海盗、截击等多种任务。

二、水上无人艇的作用及应用前景

随着社会的发展和科学技术的不断进步,无人化、智能化和信息化武器系统已经成为现代武器装备的一种发展趋势,它是未来战争中争夺信息优势、实施精确打击、完成战场特殊作战任务的重要手段之一,是未来作战体系中不可或缺的重要角色,是有人武器装备体系的必要补充,在未来信息化和立体化高科技背景下的战争以及反恐斗争中将具有独特的地位并发挥不可替代的作用。它可降低部队人员可能遭遇到的威胁,减少伤亡,执行有人系统不能承担的任务,在一定条件下,可起到作战力量倍增器的作用,并且其经费投入更具可承受性。

水上无人艇具有高航速、大续航力、良好经济性、良好隐身性、浅吃水、小体积、易批量生产、方便布置等突出优势,因此非常适合作为一种通用化、无人化、智能化、信息化和具有较优经济性的海洋武器装备。水上无人艇的优点还在于可搭载多种传感器,能长期、隐蔽、自主地在海洋中执行使命任务,并可以批量投入战场,从而具备对水面或水下海洋环境立体和持续的感知能力。在未来的海战中,把水上无人艇搭载于现有的水面舰船上,将提高其整体作战能力。它将在远程预警,长期海域监视,反潜战,海洋组网观测,延伸探测范围,隐蔽侦察,在危险海域进行水雷探测,执行电子战诱骗或干扰敌方舰艇、重要军港或设施的警戒巡逻等方面发挥重要作用。目前,水上无人艇的军事应用主要包括以下几种类型:

(1)反潜。通过配置反潜任务载荷,协助其他水面舰艇在近海区域对敌方的潜艇进行侦测、定位、跟踪和攻击。

(2)反水雷。通过配置专用的探测系统,发现或处理敌方布设的水雷。

(3)警戒巡逻。通过配置探测传输设备,轻型武器或非致命武器等载荷,在具有潜在危险的区域进行警戒巡逻,保护我方主力舰船、重要港口、岛礁、水上设施及人员的安全。

(4)火力打击。利用自身携带的探测设备或我方其他兵力提供的敌方水面舰艇等目标要素,在授权条件下,使用导弹、鱼雷和舰炮等武器对敌方目标实施攻击。

(5)信息对抗。通过配置传感器、接收机、干扰发射机和角反射器等设备,实现欺骗、干扰以及电子攻击告警,为海军提供持续有效的信息对抗能力。

(6)情报侦察。通过配置光学成像设备和电子侦察设备等,对水面目标和电子信号实施侦察，配置水声侦察设备，对舰艇辐射噪声实施水声侦察，配置高频声呐、浅层剖面仪和水下电视等设备，对水下声呐基阵和海底光缆等水下目标实施侦察。

(7)海洋调查。通过配置温盐深传感器、海流剖面仪、侧扫声呐、多波束测深声呐、浅层剖面仪等任务载荷，进行海底地形地貌测绘，海洋水文和水声测量，掌握水下战场的海洋环境信息。

在民用方面，随着海洋资源开发利用的逐步深入以及人们对海洋安全和海洋环境保护的广泛重视，海洋观测正在发生革命性的变化，这主要体现在海洋观测立体化、平台多样化、海洋观测系统化和网络化。因此，迫切需要海洋观测平台能长期、广域、经济、可靠、自主地执行海洋观测任务。水上无人艇作为无人海洋运载平台，可以在海洋中完成长期、自主、灵活和低廉的作业任务，因此，在民用领域具有非常广阔的应用前景，如海洋测绘与科学调查、环境监测、水文调查、气象预报等。综上，水上无人艇在有效利用、开发和保护海洋等方面具有广泛的市场需求。

第二节　水上无人艇的国内外发展概况

一、水上无人艇技术的国外研究现状

美国、以色列、英国、法国和德国等国已将水上无人艇作为重要军事项目进行研究和开发，典型的平台有美国的"斯巴达侦察兵号""海上猫头鹰号"等，以色列的"保护者号""黄貂鱼号"等。

(一)美国水上无人艇研究现状

2007年7月23日，美国海军发布了"海军水上无人艇主计划"。这份主计划确定了水上无人艇优先发展的7个任务领域，按照优先级排列，包括反水雷战(Mine Countermeasures，MCM)、反潜战(Anti-Submarine Warfare，ASW)、海上安全(Maritime Safety，MS)、水面作战(Surface Warfare，SUW)、支持特种部队作战(Special Operations Forces，SOF)、电子战(Electronic Warfare，EW)和支持海上拦截作战(Maritime Interdiction Operations，MIO)。针对每一项任务领域，研究团队都将开发一种水上无人艇任务包，这个任务包包括平台尺寸/类型、负载、可能的应用描述等。

主计划推荐了1个非标准级的水上无人艇和3个标准级的水上无人艇，这4种级别的水上无人艇能够完全满足美国海军水上无人艇优先发展的7项任务领域的能力需求：

(1)"X"级水上无人艇是一个长3 m或更小的非标准级水上无人艇，采用非标准模块建造，能够支持特种部队作战以及海上拦截作战任务，可提供低层次的情报、侦察、监视

能力，有限的续航力，有效载荷和适航性。

（2）"海港"级（Harbor Class）水上无人艇主要是在海军标准 7 m 长刚性充气艇基础上研制的，具有中等续航力，主要用于执行海上安全任务，拥有较强的情报、侦察和监视能力，并装备了致命性和非致命性武器，该型艇具有 7 m 长充气艇的标准接口，可由多型舰艇部署。

（3）"斯诺科勒"级（Snorkeler Class）水上无人艇是一个长 7 m 的半潜式水上无人艇，其在航行过程中除通气管之外，船体其余部分均在水下，相对于其他船型，这种作业模式可在 7 级海况下提供更为稳定的平台。该型艇将支持反水雷战和反潜战，另外还可以充分利用相对隐蔽的外形支持特种作战任务。

（4）"舰队"级（Fleet Class）水上无人艇是一个长 11 m 的滑行或半滑行水上无人艇，在拖曳扫雷时具有中等航速和续航力，而在支持反潜战、水面战或电子战作战时，该型艇能够提供较长的续航力。

美国的水上无人艇主要有"斯巴达侦察兵号""海上猫头鹰号"等。下面对这些水上无人艇做简要介绍。

（1）"斯巴达侦察兵号"水上无人艇。"斯巴达侦察兵号"水上无人艇是典型的"海港"级水上无人艇。"斯巴达侦察兵号"采用了模块化设计理念，可按需要进行多种组合，执行不同的使命。一艘基本型"斯巴达侦察兵号"水上无人艇，可在 1 h 内完成配装多种"即插即用"型任务模块，不仅可以承担多种任务，而且加快了研发进度，降低了成本。"斯巴达侦察兵"虽小，但是其战斗力可与某些大型军舰相媲美。它可以搭载舰炮、反舰导弹、反潜感应器等武器，执行监视与侦察、反水雷或反潜等任务。此外，"斯巴达侦察兵号"的先进之处还在于其高带宽通信系统，通过使用类似无线局域网技术，可以实现与己方飞机、舰艇和潜艇高速传输实时战斗信息。

（2）"海上猫头鹰号"水上无人艇。"海上猫头鹰号"（Sea Owl）水上无人艇是美国海军 20 世纪 90 年代研制的"X"级水上无人艇，是美国海军开发现代水上无人艇的首次尝试。"海上猫头鹰号"水上无人艇具有 4 个突出特点：①艇体轻巧，十分便于装运和部署（其长仅 3 m，质量为 500 kg）；②因吃水仅有 18 cm，故可在近岸极浅的水域内活动；③能够高速机动，最大航速超过 45 kn（1 kn＝1.825 km/h）；④耐力出众[在携带 204 kg 有效载荷时以最高航速可持续航行 8 h，不加油时能以 10～12 kn 的速度航行 10 h，慢速（3～5 kn）巡逻时续航时间为 24 h]。其承担的主要任务是雷区侦察、浅海监视、海上拦截、保护港口码头周边的安全等，如利用前扫或侧扫声呐，搜索水雷、蛙人、潜水器等目标。它能够将探测到的信息通过无线电设备实时传回在 10 n mile（1 n mile＝1 609.344 m）范围以内的控制站。

（3）反潜战持续跟踪水上无人艇。美国从 2010 年开始计划发展一种新型反潜战持续跟踪水上无人艇（Anti-submarine warfare Continuous Trail Unmanned Vehicle，ACTUV），又称"海上猎人号"，该艇是一种"舰队"级水上无人艇，用于长时间、持续跟踪常规柴电潜艇,采用通气管桅柱结构,桅柱高出水面 4 m,内部安装有用于数据链与控制系统的天线。由于可实现无人操作,ACTUV 艇在速度、续航力、耐波性和机动性方面都较传统水面舰艇具有明显的优势。ACTUV 的主要功能指标有以下几种:

1)可以在海面上长时间自主航行。"海上猎人号"可在大洋水面航行两至三周。

2)相对于常规军舰,发动机功率小,不易被潜艇发现。

3)能在 5 级海况下持续操作,在 7 级海况内能保证航行与生存。在 5 级海况(浪高 3~4 m,风速 10~13 m/s)下,"海上猎人号"可在海上自动、连续执行反潜任务。

4)水上无人艇的航行能符合真实航行海况下的"国际海上避碰规则"。2015 年初,ACTUV 在密西西比州海域进行为期 6 周的测试,测试范围为 35 n mile。2016 年 4 月 7 日,美国海军首艘"反潜战持续跟踪水上无人艇"技术验证艇"海上猎人号"服役。此后,"海上猎人号"进行了海上试验,验证了机动性、稳定性、适航性、加速/减速、燃油消耗等设计目标,特别是该艇安装的自主套件,可使其在遵循海上安全航行相关法律与惯例的条件下安全航行。

(二)以色列水上无人艇研究现状

作为一个地处亚洲西部的沿海国家,以色列西濒地中海,南接红海,海上安全形势严峻。为了防止恐怖袭击,以色列制定了严密的安全规则,任何入港船只必须在距岸 20~30 n mile 内接受无线电检查和识别,在 10 n mile 范围内接受有关人员登船检查。显然,在人员登船检查前的任务由水上无人艇执行比较合适,因此以色列政府提出了尽快引入水上无人艇的计划,并先后推出了多型水面无人平台,如"保护者号""黄貂鱼(Stingray)号""银色马林鱼号"等,其中"保护者号"水上无人艇是以色列的主要产品。

"保护者号"水上无人艇由以色列拉斐尔武器发展局开发,以 9 m 长的刚性充气艇为基础,喷水推进,航速超过 30 kn,最大作战有效载荷为 1 000 kg。其传感器载荷主要包括导航雷达和"托普拉伊特"光学系统,其中"托普拉伊特"光学系统为多传感器光电载荷系统,包括第三代前视红外传感器(8~12 μm)、电荷耦合组件(CCD)摄像机、目视安全激光测距仪、先进关联跟踪器、激光指示器(选件)等,可在白天、夜晚以及各种不利的天气条件下完成手动和自动昼/夜观测及目标指示。"保护者号"配备了"微型台风"武器系统,该系统以拉斐尔武器发展局的"台风"遥控稳定武器系统为基础,可使用口径为 12.7 mm 的机枪或口径为 40 mm 的自动榴弹发射器。在吨位稍大的"保护者号"上还可选装一门口径为 30 mm 的舰炮。此外,"保护者号"还配装有全自动火控系统和昼夜用照相机,形成了完整的综合无人航行器,可由数十海里外的海岸控制站或海上指挥平台实施遥控指挥,昼夜执行作战任务。2004 年,新加坡海军成为"保护者号"水上无人艇的首个用户。

作为未来海上的一种新型装备,"保护者号"水上无人艇具有下述突出的特点:①采用模块化设计。"保护者号"艇长 9 m,全艇采用模块化设计,可根据任务的不同需要,按照"即插即用"的原则,将不同的设备像搭积木一样快速安装在艇上,使之可执行反恐、情报侦察与监视、水雷战、反潜战、火力支援等多种任务。②突出隐身性。"保护者号"水上无人艇在设计之时，重点考虑了隐身性。例如，在外形设计上，上甲板没有雷达反射物和增大雷达反射截面的设施，也没有90°交角，艇体侧面和上层建筑为小角度倾斜。此外，它还在一些部位采用了雷达吸波材料。③采用新技术。减轻艇体总重是"保护者号"水上无人艇设计的关键目标，为此拉斐尔武器发展局在减轻艇体总重方面采用了一些新技术：首先，艇体使用玻璃纤维增强复合材料，玻璃纤维增强复合材料具有较高的比强度和减震能力，可降低艇体受损程度，减少维修费用；其次，为加固艇体结构并减轻艇重，大量使用碳纤维增强复合材料及轻质复合材料取代传统的钢材料，艇的边梁和框架也使用碳纤维增强复合材料。从测试结果来看，"保护者号"水上无人艇具有非常广阔的应用前景。

"银色马林鱼"号水上无人艇上装备了一座 Elop 公司的紧凑型多功能高级稳定系统（CoMPASS）传感器转塔。转塔集成了 CCD（电荷耦合器件）摄像机、第 3 代 $3\sim5~\mu m$ 前视红外热像仪、激光瞄准具、对眼安全的激光测距仪或二极管泵浦目标指示器以及激光目标照射器。埃尔比特公司透露，CoMPASS 可发现 6 km 外的橡皮艇、16 km 外的巡逻艇和 15 km 外的飞机。"银色马林鱼号"水上无人艇还将配备埃尔比特公司的口径为 7.62 mm 的顶置遥控武器系统————一种轻型稳定机枪系统，携带 690 发子弹，能够昼夜在运动中开火。"银色马林鱼号"的主要技术参数为：艇体长 10.67 m（35 ft），排水量为 4 000 kg，载荷为 2 500 kg，最大航速为 45 kn，最大航程为 500 n mile，续航时间为 24 h。

以色列航空航天工业公司推出名为"KATANA 号"的新一代水上无人艇。"KATANA 号"水上无人艇包括自动导航与自动防撞系统，并装配有电光与红外相机、视距与非视距通信、雷达与武器系统等。这种水上无人艇能在大范围内执行多种任务，如保护专属经济区、海上边界、港口安全、离岸天然气钻井平台和管道，以及进行浅水巡逻和电子战等。它还能通过对远近目标进行辨识、追踪与分类，提供实时情报图像，并根据指令对目标发动进攻，可全自动操作，也可由人遥控操作。

在以色列海军和国防部的技术支持下，以色列埃尔比特公司研制出世界上首艘可执行反潜作战任务的"海鸥号"水上无人艇。该水上无人艇配备了内置 C4I（指挥、控制、通信、计算机与情报）网络和可操纵各种声呐和传感器的远程控制探头，能连续 4 天在深海执行任务，其瞄准覆盖范围最大可达 100 km。除执行反潜作战任务外，"海鸥号"水上无人艇装备反水雷组件（包括吊放式声呐和机器人）后还适用于搜寻水雷，识别并消除水下威胁。其任务模式非常丰富，包括电子战、海港保卫，以及防止石油管道和离岸能源平台受到潜水员及其他威胁的破坏。因此，"海鸥号"水上无人艇可以补充，甚至取代目前被用于在海上搜寻潜艇、造价高昂且需要大量人力操作的护卫舰和反潜机。

（三）其他国家水上无人艇研究现状

除了美国、以色列之外，英国、加拿大、法国、德国、意大利、瑞典、新加坡等国也积极开展水上无人艇的研制工作，主要型号见表 1-1。

表 1-1　其他国家研制的水上无人艇

国家	型号	研制机构	传感器及载荷
英国	"哨兵"号	奎奈蒂克公司	微波控制链、昼夜高分辨率照相机、声呐、雷达、可选的光电传感器、化学传感器和环境传感器
英国	海上系列快速靶标	英国自主水面艇公司	前视摄像机、麦克风/扩音器、全球定位系统(GPS)导航装置
加拿大	"萨普尔"号	加拿大国际潜艇工程公司	GPS、音频视频通信系统
法国	"检验者"号	法国 ECA 公司	K-Ster 灭雷器、侧扫声呐、前视/障碍规避声呐、多波段回声探遮仪、磁力计
德国	"莱茵曼陀"号	德国莱茵曼陀防务公司	卫星、雷达、光电等传感器
意大利	"U-RANGER"号	意大利 Calzoni S.r.l. 公司	可见光/红外照相机、指南针、惯性传感器、GPS、前视/侧扫声呐
瑞典	"SAM3"号	考库姆 AB 公司	电磁信号效应器,电力、液压驱动声信号效应器和电信号效应器
新加坡	"金星"号	新加坡电子技术公司与法国联合研制	雷达、光电传感器、小口径遥控武器、主动式吊放声呐、合成孔径雷达、一次性水雷失效装置、电子战系统、近程导弹系统

二、水上无人艇技术的国内研究现状

当前,国内水上无人艇的主要研究单位有中华造船厂、9318 厂、中国航天科工集团新光公司、哈尔滨工程大学、上海大学、上海海事大学云洲智能科技有限公司等。

中国航天科工集团新光公司研发了"天象1号"水上无人艇,该艇可按预定航线行驶,并有避障能力。2008 年,"天象 1 号"水上无人艇在北京奥运会青岛奥帆赛期间,作为气象应急装备为奥帆赛提供了气象保障服务。

2009 年,在国家重点基础研究发展计划("973 计划")项目的支持下,由哈尔滨工程大学牵头,联合国防科技大学、江苏科技大学等优势单位,系统、深入地开展了 USV 技术研究,突破了水上无人艇的总体设计与系统集成、流体力学性能分析、自主决策与运动控制、海洋环境感知、系统仿真与外场试验等一系列关键技术,成功研制出"XL 号"智能 USV。该艇搭载了智能控制系统、航海雷达、光电探测系统、组合导航系统、无线通信和北斗卫星导航系统等多种设备,具备了无人自主航行、自主危险规避和海面目标探测能力。

上海海事大学研制的"银蛙(Silver Frog)号"USV 为双体型铝合金小艇,采用基于无线局域网络的控制系统。该系统由岸基监控系统和 USV 载体组成,通过岸基监控系统下达控制指令以控制水上无人艇的航行,无线网络的有效通信距离可达 1 n mile。目前该艇进行了海港监视、水质量采样、水文测量等试验。

上海海事大学研制的"海腾 01 号"智能高速水上无人艇于 2010 年获中央财政支持地方高校发展专项资金的资助,在国内首次实现了海上溢油处理水面机器人技术及其装备的试验性应用。"海腾 01 号"智能高速水上无人艇长为 10.5 m,宽为 3.6 m,满载排水量为 8.5 t,吃水为 0.8 m;使用喷水推进,最大航速为 40 kn,巡航速度为 30 kn;由艇体、推进系统、能源系统、导航系统、通信系统、控制系统和任务系统等组成;具有全自航模式,半自航模式和全遥控模式 3 种工作模式;配备有毫米波雷达、激光雷达、前视声呐、立体视觉和 360°监控摄像机等监测设备,可进行水上和水下障碍物的全方位探测;并通过多源信息融合提高障碍物探测的准确性和可靠性,为自主避障提供足够信息。"海腾 01 号"既可无人驾驶,又可人工驾驶,驾控台上的人工驾驶具有最高优先级,便于无人艇调试过程中的监控与紧急情况处置。

上海大学研制了"精海号"无人测量艇,该艇长为 6 m,宽为 3 m,采用了抗倾覆能力的高性能船型,具备一定的自主功能,艇上搭载了声呐测量设备。

2013 年,该艇参与了南海水域巡航任务。据报道,该无人艇设计目标是适应内陆江河、海洋等不同水域的工作环境,可防水、防盐雾腐蚀,能够在风浪中精准测量、顺利回传数据,基于无线遥控操作,并能按照既定路线避障前行。

2014 年,哈尔滨工程大学在国家高技术研究发展计划("863 计划")项目的支持下,以高性能船舶、智能控制、导航、通信、海洋探测等相关学科为依托,研制出一艘具有自主知识产权的全自主式水上无人艇"天行一号"。该艇是一种同时具备燃油推进和电力推进两种推进方式的自主式水面无人平台,满载排水量为 7.5 t,最大航速为 50 kn,续航力为 1 000 km。其高自主性、快速性和大航程的特点,使其能够轻松胜任长时间、大范围的海洋观测的需求,能够在利用、开发和保护海洋等方面发挥积极作用。

2016 年,在吉隆坡举办的亚洲防务展上,哈尔滨工程大学公开亮相了一款高速无人巡逻艇,此艇是与中国保利集团共同研制的最新成果。该无人艇长为 13 m,宽为 4 m,吃水为 0.6 m,最高航速为 80 kn,配备高清摄像头和三维雷达等传感器,可在预先设定的航行路线上进行定点巡逻,也可自主跟踪水面目标。

在 2019 年世界移动通信大会上,云洲智能携手爱立信、中国移动打造的"云洲 5G 号"无人船在大会上亮相。"云洲 5G 号"无人船搭载高清摄像头,水质采样设备及在线检测仪的设备,可以采集水域信息,自动绘制水质分布图,生成采样报告和检测报告。依托 5G(第五代移动通信技术)通信技术极高速率、极大容量和极低时延的 3 大明显优势,辅以遍布水域的水质监测传感器以及远程控制的机械臂污水取样设备,"云洲 5G 号"无人船可以实现水域信息高清视频实时回传、虚拟现实(VR)后端演示,水质监测、无人船远程控制以及自动驾驶控制,彻底改变传统水文测量、水质采样监测、暗管探测和环境执法巡逻等水生态环境监测监管模式,使水环境监测治理无人化和智能化,有效增强数据精准度,降低成本,提高工作效率。

第三节　水上无人艇技术的发展趋势

美国、以色列、日本等一些国家高度重视水上无人艇的发展，持续大力投入。目前在研和现役水上无人艇共约 19 型、63 艘（其中美国研制的数量约占总数的 50%），在反潜、反水雷、情报侦察、海洋环境调查等领域发挥了重要作用。国内水上无人艇技术研究起步较晚，前期重点发展专用遥控船艇（不具备自主控制能力），目前已进入自主式水上无人艇发展阶段，但尚未开展型号研制。现有的一些成熟的无人产品在环境监测、水下探测等方面已投入使用，但其传感器载荷及控制处理设备大多数是国外产品或技术，国内相应的技术储备还未投入。我国在水上无人艇技术方面与国外先进水平相比，仍存在明显差距。

（1）平台智能较国际先进水平尚存在差距。从技术层面来讲，经过近十年的发展，我国水上无人艇技术在自主决策规划、环境感知、运动控制、遥控集成等关键技术领域取得了突破性进展，初步具备了自主式水上无人艇的工程化能力。但由于受制于国内相关制造与加工工艺水平和相关技术发展水平，在水上无人艇系统的工程可靠性、平台的智能化方面与发达国家相比还存在较为明显的差距。

（2）任务系统载荷技术储备不足。国内对水上无人艇的研究主要集中在无人艇载体平台本身，相应的任务载荷研发不足，可供直接选择的任务载荷及系统几乎没有。

（3）平台应用实践不足，技术成熟度有待进一步提高。国外在水上无人艇方面起步早，投入大，在平台总体和任务载荷方面已取得突破性进展，相继列装了多型装备。我国目前仅在平台关键技术方面取得了一定的进展，至今没有一种型号列装，严重缺乏平台军事应用的实践，相应的技术成熟度大多停留在样机阶段。

在巨大的市场需求和技术发展需求牵引下，未来水上无人艇将向模块化、智能化、多型化和体系化方向发展。各项关键技术将以提高水上无人艇的综合能力为目标不断进步。

（1）增强环境适应性和续航能力，向大型化发展。目前水上无人艇大都为长 10 m 左右的小型水上无人艇，海况适应性和续航能力都比较差，不能在恶劣的海况下工作，也不能远离港口或母船。美国的 ACTUV 是目前已知最大的无人艇，无论是海况适应性和续航能力，还是允许搭载的载荷能力，都堪称世界之最，具有极强的独立作战能力，代表了大型水上无人艇未来的发展方向。

（2）以情报侦察与监视、扫雷、猎潜、搜索救援、海上封锁等防御性任务为主，向反舰、反潜、对陆支援等进攻性作战发展。现阶段的水上无人艇由于自主能力不强，排水量较小，难以完成传统大型舰船执行的反舰、反潜和对陆攻击的作战任务。未来，随着智能化程度的提高和大型水上无人艇的广泛应用，水上无人艇除了完成防御性任务外，也将越来越多地应用于实际进攻作战中。

（3）增强网络协同能力，向集群协同作战发展。目前的水上无人艇大多采取单艘执行任务的形式，完成任务的效率低，资源共享程度低，系统可靠性也较差。借鉴无人机集群协同技术，水上无人艇也可以进行协同作战，提高水上无人艇之间以及水上无人艇与其他有人/无人平台之间的信息搜集、传输、处理和综合应用能力，实现战场态势的迅速感知、资源共享以及各种平台之间的协同作战。

(4)增强环境感知与认知能力，向智能化发展。通过在水上无人艇上增加多种传感器和通信设施等，提高水上无人艇对环境感知的速度、距离和准确度。同时通过加强人工智能技术、大数据技术、信息融合技术等的应用，提高水上无人艇的智能化水平，使其能够针对环境和任务的变化自动调整控制。

(5)增强战场生存能力，向隐形化发展。隐身性对于水面舰船的战场生存能力尤为重要。虽然目前水上无人艇体积一般较小，不易被敌方发现，隐身措施使用较少，但未来随着水上无人艇朝着大型化发展，需要重点考虑其隐身问题。借鉴传统舰船的隐身技术，同时综合水上无人艇的无人化优势，水上无人艇可以从艇型、外形、材料、动力装置、能源形式等方面来考虑其隐身问题，最大限度地提高水上无人艇的雷达、红外、可见光、声隐身等特征。

第四节　水上无人艇发展的关键技术

从国外公开的资料来看，关于无人艇的研究广泛借鉴了认知心理学、符号学、神经科学和人工智能等专业理论，从应用前景看，未来包含的理论和技术主要有控制理论、运筹学、博弈论、模式识别、图像理解、自动化原理以及控制论等。与之相关的技术和工程问题可分为两类：第一类是技术本身不能完全满足任务需要；第二类是技术本身是成熟的，但是目前在无人艇中的应用还不够成熟。其中，可归属到第一类的技术和工程问题包括自主控制、障碍规避、威胁避免、自动目标识别、无人艇子任务包的自动布放和回收，可归为第二类的技术和工程问题包括集中控制、武器发射、无人艇部署与回收等。

当前，国内针对无人艇的研究较西方国家存在明显的差距。尽管在无人艇研制方面取得了一定成果，但多数无人艇产品仍只能实现简单测量、巡视、采样等功能，要想真正在情报侦察与监视以及无人系统协同等方面有所作为，尚存在较多需要解决的问题，主要包括以下几方面：

(1)无人艇总体设计：无人艇的模块化设计技术；无人艇系统的可靠性、容错性、可扩展性设计；能够满足快速调试等多种需要的控制系统体系结构设计；与无人艇功能相适应的信息综合处理系统设计；与任务需求相适应的组合导航系统设计。

(2)无人艇运动控制技术研究：面向精确控制的无人艇运动建模；无人艇运动参数辨识；面向任务的无人艇快速性、稳定性、耐波性研究；无人艇水动力性能与操纵性仿真、测试与验证研究；无人艇的航向、航速、航迹与姿态智能控制技术研究。

(3)无人艇自主导航与定位技术：无人艇高精度卫星导航技术；无人艇组合导航技术；基于机器视觉的同步定位与建图技术；多无人艇协同导航与定位技术。

(4)无人艇自主航行与任务规划技术：无人艇自主路径规划技术；无人艇自主运动规划技术；无人艇自主避障与避碰技术；无人艇任务规划与自主决策技术；无人艇的集群控制与编队控制技术。

(5)环境信息采集与识别：水面静止和运动目标的动态识别及运动轨迹预测；多传感器信息获取与处理方法研究；多传感器的目标跟踪和检测技术；目标识别和轨迹预测算法的自适应能力提升技术。

(6)通信技术：基于卫星通信、UHF(特高频)高速数据传输通信、VHF(超高频)数据通信、近岸4G(第四代移动通信技术)网络以及自组织无线网络等技术的实时、可靠性通信技术；面向大数据传输与云服务的宽带无线通信技术；无人艇自组网通信技术。

第二章 水上无人艇的结构体系

第一节 水上无人艇的物理体系

无人艇根据其设备分布可以分为两大部分：无人艇子系统和控制无人艇的主控站（也称为岸基监控子系统）两大部分。无人艇用来外出执行任务，是由无人艇的艇体及艇上搭载的所有设备组成的集合。主控站部分指的是位于岸上或者船上的指挥与控制系统。根据任务的需要，主控站不仅可以同时控制多个无人艇外出执行任务，还可以在陆域及功能上进行扩展和分配。在实现本地控制的基础上，主控站还可以通过网络向指挥中心，或者远在数千千米外的远程战略指挥所进行延伸。本书仅对一套完整的无人艇系统进行物理架构模块化分析和设计，采用模块化设计，可以增强系统的扩展性，提高系统的开发效率，降低开发成本。根据无人艇的任务需求，按照即插即用的原则设计相应的任务模块，可以实现无人艇功能模块的快速开发和调试。

一、水上无人艇组成架构

一般可将水上无人艇子系统分为以下几个组成模块：除了艇体及辅助结构部件模块外，主要还包括航行模块、能源模块、导航定位模块、通信模块、环境信息采集模块以及指挥与控制模块。现对各模块具体设备组成分别进行说明。

（一）艇体及辅助结构部件模块

艇体及辅助结构部件是最基本的组成部分。艇体作为无人艇所有设备的搭载平台，必须确保设备的安全，同时它对无人艇的操纵性能和可实现的其他功能有着较大的影响。艇体的选择主要和无人艇期望达到的操纵性、灵活性、续航力、载重量以及成本限制有关。无人艇可以选择的船体类型包括射流滑行艇外壳、刚性充气艇、定制的三体壳、巡逻艇单体壳和小水面双体船外壳、平底船、水翼艇、穿浪艇等。以武汉理工大学的"iNav-Ⅱ"型无人艇为例，它采用的是一艘设计总长 3.96 m，型宽 1.55 m，吃水 0.3～0.5 m，满载排水量 0.708 t 的玻璃钢快艇，对其进行改装和加强后作为科研无人艇的艇体。

辅助结构指的是水上舷侧结构及加固支架等，可以用来保护船载系统，容纳和安装传感器，并且可以保护无人艇免遭环境条件的影响。辅助结构还可以增加无人艇的载重，提高无人艇的有效载荷能力。玻璃钢快艇具有较好的辅助结构，只需对水上结构进行重新布置和部分覆盖，安装传感器支架即可。玻璃纤维、碳纤维和凯夫拉纤维等轻质材料都可以用来制造辅助结构。

(二)航行模块

航行模块主要对无人艇的航向和航速进行实时控制，以实现无人艇的航行功能，具体设备包括发动机、齿轮箱、推进器、舵机。考虑到无人艇的遥控操作，发动机可以选择可电控操作的柴油发动机或混合能源发动机等。推进器的推进方式一般有两种，即螺旋桨式和喷水式。螺旋桨式推进是利用发动机和螺旋桨之间的变速齿轮箱来实现无人艇航速无级变速，灵活控制航速大小。航向的改变由舵机及其相关轴性连接实现，通过控制舵机的转角改变舵角，进而改变航向，加装舵角指示器后就可以检测舵角信号。喷水推进的方式主要依靠喷水推进器中的喷水推进泵，水流从海里被吸入泵之后，水泵叶片对水流做功使水动能增加，最后水流高速冲出喷口，水流喷出的反作用力将作为驱动的动力推动舰船运动。此时无人艇航向的改变则是通过改变喷泵的喷口朝向来控制。

(三)能源模块

能源模块提供全艇所需能源，一般包括燃料箱和电池组，并且能够实时显示能源剩余情况。为了确保无人艇安全返航，必要时可以关闭不重要的设备，或者降低航速。燃料箱内的燃料(一般为柴油)为发动机提供能源。在燃油剩余量不足以安全返航时，应该有自动报警系统。电池组为全船的电子设备进行供电，工作时间应不小于无人艇单次巡航任务所需的时间，一般选择铅酸蓄电池组。有时为了满足某些特殊设备的供电需求，可以将其更换成银锌电池组，同等质量下其电容量是铅酸蓄电池电容量的 5 倍。同时也可以考虑安装与发动机相连的轴带发电机，或者安装太阳能电池板为电池组供电，电池组需同样具备剩余电量显示和自动报警功能。燃料箱支持燃料的快速加注，电池组位置的选择要便于安装和布置，根据任务需要可整体替换，以满足连续执行任务的需要。

由于"iNav-Ⅱ"型无人艇为一艘纯电动船，因此其能源模块仅包括电池组。首先将蓄电池产生 24 V 的电源电压逆变得到 220 V 的交流电压，再用电源适配器产生硬件电路需要的低电压。而无人艇控制器的电源与推进电机和转向电机的 24 V 供电分开，防止两者之间产生干扰，影响控制器的稳定。把 24 V 蓄电池逆变到 220 V 交流电，可以方便外接船上的其他供电设备。在转换芯片的附近则放置了相应的电容，用来稳定电压和滤除干扰，保证供电电压的稳定。

(四)导航定位模块

无人艇的实时定位信息很重要，一般选用卫星导航系统获得。使用 GPS 或者北斗卫星导航系统来获取包括 UTC 协调世界时、经纬度位置以及速度在内的卫星导航信息。该设备应安装在远离其他通信天线的位置,减少电磁干扰,避免影响卫星信号接收。在无人艇首尾线靠近船中的位置应安装体积较小的激光陀螺罗经,用该激光陀螺罗经来提供无人艇的船首向和转首角速度信息。同时,通过多普勒计程仪可以获取无人艇的速度和航程信息,而回声测深仪则可以测量水深数据,并提供浅水报警信息。根据相关任务的需要,还可以配备小型的导航雷达。导航雷达通过串口向指挥与控制系统提供雷达视频和目标信息,该雷达同时具备(Automatic Radar Plotting Aid,ARPA)功能,可以跟踪锁定目标并提供目标的运动态势分析。

"iNav-Ⅱ"型无人艇配备的定位设备是高精度的载波相位差分(Real-time kinematic,RTK)。该设备分为移动站和基准站,它通过载波相位差分技术进行求差解算坐标,能够在野外实时为无人艇提供厘米级定位精度。

(五)通信模块

无人艇的通信方式有多种,可以采用卫星通信、超短波通信、微波通信或者多种通信相互结合的通信方式。超短波和微波设备通信距离有限,主要用于视距范围内的通信。超出视距范围的远距离通信采用卫星通信。此外,近海覆盖5G网络信号的水域可以利用5G网络进行通信,也可以通过布设无线网络在近岸水域作为备用的通信方式,这样可以避免通信线路的冗余。

为了保障艇载数据交换、局域网内部数据交换和无人艇与岸基之间数据传输的可靠性,消除不同类型的传感器和设备的数据格式差异带来的影响,"iNav-Ⅱ"型无人艇的控制系统使用统一的数据通信协议——MavLink协议。MavLink协议是一种目前广泛应用于小型无人驾驶航空器之间通信,以及小型无人驾驶航空器与地面控制站之间通信的开源通信协议。

(六)环境信息采集模块

环境信息采集模块是无人艇的眼睛和耳朵,负责对水面进行侦察和监视任务。其中摄像机能够获取现场视频,前视红外传感器能够在夜晚获取红外环境信息,激光测距仪和方位指示器提供无人艇与目标的距离和相对方位信息。以上这些设备一般集成在多功能光电塔内,包括控制云台与支撑物之间的连接。云台是安装、固定各种传感器的支撑设备。根据外部控制信号,云台可以完成指定速度的水平、垂直运动,光圈、焦距调节,传感器关闭、开启等功能。多功能光电塔通过串口和指挥与控制模块相连,借助串口通信实现彼此之间的互联。

此外还应该有安装在负载平台上的指向型的音频采集卡,可以采集特定方向上的音频数据。VHF设备可以获取无人艇周围的通话信息。自动识别系统(Automatic Identification System,AIS)设备可以实时获取并显示周围船舶的资料和与航行相关的信息。

(七) 指挥与控制模块

由以上模块中的设备实时采集的信息都将通过网络或者串口线汇总到指挥与控制模块。指挥与控制模块一般采用一台工业用加固计算机，在计算机内，对所有的信息进行处理和分析，对无人艇的状态信息进行编码，将视频和音频数据进行压缩处理，通过选定的通信线路发送回主控站，同时负责接收主控站的控制指令，解码后发送到相应的设备以实现对无人艇的控制。该计算机内部安装有标准输入/输出接口的航行管理系统，可以实现本地航行操作，确保无人艇在通信状态不佳或者通信线路断开时仍能按照一套规定的控制程序进行控制，保证无人艇的安全。在无人艇上保留了与航行相关的操控台，与航行管理系统直接相连，当无人艇发生故障时，可以由操作人员直接操纵无人艇返回，进行维修。

以上就是无人艇的物理架构，通过更换任务模块即可执行不同的任务。

二、主控站组成架构

主控站作为无人艇的指挥与控制中枢，负责对无人艇进行任务规划。考虑到实际使用过程中安装、布置得方便与灵活，一般将主控站设计成移动式工作站。该工作站可以安装在一艘有人驾驶的小艇上，或者其他大型船舶上，也可以设于岸上的指挥中心内。根据具体任务需要还可以通过网络在陆域上进行延伸，在上一级指挥中心的控制终端上进行控制。主控站通过通信设备与无人艇相连，接收无人艇传回的各种数据，供操作人员决策使用，生成的控制指令实时发送回无人艇，由位于无人艇上的指挥与控制模块负责解析和分类，并发送到相应的设备，实现对无人艇的控制操作。

根据实际应用需要，主控站的设计主要分为两种。①手持控制终端，借助通信天线，通过操纵杆和旋钮控制无人艇的螺旋桨转速和舵角，实现对无人艇的航行控制。手持终端仅显示包括位置、航向、速度以及舵角在内的信息，体积较小，功能比较单一。该终端主要供操作人员对无人艇进行施放和回收，以及其他应急操作。②标准的移动式工作站，由多台计算机组成局域网，一台计算机用来显示雷达目标视频信息，一台计算机用来显示不同传感器采集的环境信息，还有一台计算机不仅安装有用来进行路径规划的电子海图系统，还可以综合显示包括无人艇的导航定位信息以及工作状态等在内的信息，可通过下拉菜单查看和控制不同设备的工作状态。该移动工作站的另一组成部分是控制面板，借助控制面板可以手动对无人艇进行航向、航速控制，操作多功能光电塔内的传感器。控制面板通过串口与综合信息显示计算机相连，所有的操作和控制指令在综合信息显示计算机内经过编码后经由通信线路发送到无人艇。

具体而言，"iNav-Ⅱ"型无人艇的主控站需要接收操舵控制指令和无人艇终端反馈的数据，依据数据做出对应的响应，在用户界面显示任务执行的结果和实现无人艇终端反馈信息的可视化，同时发送远程控制指令到无人艇艇端系统。因此系统的体系结构为数据层、业务层和表现层。

（1）数据层。数据层是主控站体系结构中的第 1 层，整个主控站的工作都是围绕数据流的流动展开的。操纵台的控制指令数据发送到主控站，主控站将基于任务规划控制的指令数据一起发送给无人艇终端系统，无人艇终端把传感器设备采集的信息又发送给主控站。其中数据的传输需要依靠定义的数据传输协议和通信媒介完成。

（2）业务层。业务层是主控站体系结构中的第 2 层，也称为任务层。依据数据层的数据和主控站的功能，执行相关的任务。需要执行的任务有 4 种：发布控制指令、可视化无人艇终端的反馈信息、通信链路的选择和配置、数据的存储等操作。

1）发布控制指令把远程控制信息发送给无人艇艇端。远程控制信息包括转发操纵舵的控制指令，任务规划中的航迹信息以及在对话框中直接输入的控制指令、锚机控制指令。

2）可视化无人艇终端反馈信息可以很好地掌握无人艇的工作状态信息。通过位置和航迹显示可以获得无人艇在航道中的实时位置，通过艇体状态信息显示可以获得无人艇姿态、航向、速度以及它们的变化情况，通过航道信息显示可以得知航道中实时交通流和周围环境信息。

3）通信链路的选择和配置。主控站与无人艇终端、主控站与操纵台之间的通信都是基于串口连接实现的，对应不同的对象选择正确的串口，并且对串口进行波特率等参数的配置。

4）数据的存储等操作。数据存储是把主控站运行过程中实时的部分关键参数存储在数据库或者根据特定的需求格式存储在文本中。其他辅助功能，如系统的容错恢复、状态提醒，在这里不做具体的阐述。

（3）表现层。表现层是主控站体系结构中的第 3 层，是业务层执行后的结果。表现层是主控站呈现给用户的最终结果，即用户界面，是主控站呈现给基站控制者最直观的图形界面，也是基站控制者获得无人艇状态参数以及航道信息展示的重要途径、远程控制中任务规划实施的重要场所。此外它还具有过程数据的动态显示、后续数据仿真绘图、手动控制结果显示以及串口通信配置选择等功能。

第二节　水上无人艇逻辑架构

对于复杂系统来说，信息对于揭示事物的组织结构有着重要的意义，要使一个系统从杂乱走向有序就要有信息，信息的丧失意味着杂乱程度的增加。信息方法把复杂系统看成是一个通信和控制系统，从逻辑的角度，研究它们共同存在的信息接收、存储、加工和传输的变换过程，就能揭示其信息联系和共同属性。控制系统也是通过信息变换过程和反馈原理实现的。人类的认识过程，就是一个信息反馈控制和调节的过程。世界上关于无人智能平台的研究大部分都是在模仿人类的思维和行动，广泛借鉴了人工智能和生物医学等领域的研究成果。因此在无人艇的物理架构设计的基础上，通过划分无人艇的功能子系统，从逻辑的角度分析各子系统的信息组成和各子系统之间的逻辑关系，对无人艇的逻辑架构进行设计。

对应于不同的物理模块，水上无人艇可划分为指挥与控制、导航定位、环境信息采集、通信、航行控制和能源管理等6个功能子系统。

一、指挥与控制子系统

指挥与控制子系统作为无人艇逻辑架构的核心，通过串口和网络接收来自其他子系统的信息，同时根据各子系统的信息需求，向各子系统发送所需的信息以及控制指令，负责监督各子系统的工作状态，处理系统报警信息，控制所有搭载设备的开启和关闭，并保证各设备可以正常运行。指挥与控制子系统接收和处理的信息主要有导航信息、环境信息、航行状态信息、剩余能源信息以及负载平台的工作信息。

无人艇和主控站各自有一个指挥与控制子系统。无人艇上的指挥与控制子系统负责将所有接收到的信息进行分类和汇总，按照规定的报文格式进行编码后通过通信线路发送到主控站。主控站的指挥与控制子系统对接收的信息进行分析和处理，提取有用信息，供操作人员决策使用。同时，由主控站生成的控制指令通过相同的通信线路发送回无人艇，无人艇上的指挥与控制子系统对其进行解析与分类，分发给不同的子系统，控制各子系统的工作。

主控站的指挥与控制子系统在对来自无人艇的信息数据进行解码和分类时，通过串口和网络总线发送到不同的计算机分别显示，除了雷达视频信息和环境信息分别使用一台计算机进行显示外，其他的导航信息和设备的工作状态信息均在综合信息显示计算机上显示，可通过下拉菜单查看和控制不同设备的工作状态。

图2-1所示为"iNaV-Ⅱ"型无人艇地面站控制系统功能组成图，地面站控制系统不仅包括软件部分的功能，而且包括硬件部分远程控制中操纵台平台的设计与实现、串口通信中用于远程通信的无线传输电台的硬件实现。此外，还有部分功能，如模块间多线程设计、容错恢复、远程语音通信以及为后期系统的改进与提升预留的需添加模块[船舶避碰中信息的可视化(如红外测距、雷达以及声呐等)信息显示]的接口。

(1)用户界面功能。用户界面设计部分是整个地面站控制系统人-机交互的唯一途径，用户通过它不仅可以查远程实时监测信息，而且可以依托它实现任务控制、参数模拟仿真以及历史数据显示功能。

用户界面具体分为串口设置、锚机控制和状态监测3个模块。串口设置模块是为了完成对应串口的选择、波特率等串口通信参数的配置，它包括操纵台中数据采集串口的配置和下位机中数据传输串口的配置。锚机控制模块是为了发送无人艇在定点监测的情况下自动抛锚与收锚的工作指令，可视化锚绳长度信息。锚机控制模块具有抛锚、停止、收锚和锚绳长度变化可视化显示功能。状态监测是用户界面中最为重要的部分，主要包括无人艇体状态信息监测模块、航道信息监测模块、位置及航迹信息监测模块。

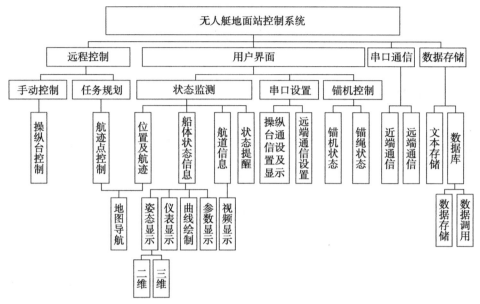

图 2-1 "iNav-Ⅱ"型无人艇地面站控制系统功能组成

（2）远程控制功能。远程控制是控制无人艇在航域中执行任务的途径，是整个系统的控制中枢，分为手动控制和任务规划控制两个模块。

手动控制即操纵台控制，操纵台把舵机控制指令和车钟控制指令通过地面站进行中转发送给无人艇艇端系统，使无人艇执行相应的任务。舵机指令是为了通过控制舵机的角度来改变无人艇的转向角度，车钟控制指令控制两个推进电机的转速和方向，完成前进、后退和停车动作。任务规划控制模块是依托于用户界面完成的，不能算是一个独立的模块。从结构的完整性来考虑，在功能需要分析、功能体系结构以及功能组成上单独介绍，但在地面站的具体设计与实现中将在用户界面的实现部分中完成。任务规划控制分为两个部分：基于地图模块的航迹点规划控制和在用户界面模块上通过按钮或者文本框直接输入控制指令而完成偏航、回旋等任务。基于地图模块的航迹点规划是把规划的航迹中关键点的坐标发给下位机进行算法控制，上位机系统目前不涉及算法的具体实现。

（3）串口通信功能。从地面站系统完整性的角度考虑，一般把串口通信分为两个模块，一个属于用户界面中的一部分，另一个作为地面站控制系统中独立的一部分，属于用户界面的部分已在(1)中介绍，本部分功能是硬件和数据传输协议的设计实现。在硬件实现上，整个地面站有两个通信连接链路，分别是地面站和操纵台之间以及地面站和无人艇终端间通信媒介的连接。属于地面站控制系统的串口通信模块还具有数据传输协议的设计，两条通信链路的数据传输工作都要通过自定义的数据链传输协议进行打包与解析，这样可以保证大量数据在传输过程中解析效率比较高、丢包率比较低。

(4)数据存储功能。数据存储模块包含文本存储和数据库两种方式。文本存储的优点是快捷、存储格式自由度大等,对于解析与分类存储的数据会更加便捷。此外,文本存储可以很容易地实现根据需求存储特定片段或者特定过程段中的部分数据。

由于整个地面站需要长时间、连续运行,其中涉及大量的关键参数而且都是实时的,这些数据的总量是海量的,需要对这些信息充分、有效地进行管理与分类存储,冗余度也要求比较小,因此为地面站控制系统设计一个数据库系统是十分必要的。

二、导航定位子系统

无人艇的导航定位子系统主要提供无人艇执行任务所需的导航定位信息,主要包括导航雷达、GPS、计程仪、激光陀螺罗经、回声测深仪等,要求信息的获取尽可能实时,定位精度应达到米级,所有的信息均通过串口发送给指挥与控制子系统。

导航雷达应具备自动雷达标绘仪(Automatic Radar Plotting Aid,ARPA)功能,其数据格式满足 NMEA-0183 规范要求,导航雷达提供的数据包括两部分,一部分是雷达图像视频信息,另一部分是包括目标运动态势分析数据在内的雷达目标信息。导航雷达上布置有罗经、计程仪、GPS 的输入接口以及跟踪数据输出接口。通过串口通信,雷达可获得所需的无人艇航向信息、航速信息以及位置信息。导航雷达的操作控制信息则通过串口由导航处理模块输入。

GPS/北斗一体机接收卫星定位信号,提供无人艇的经纬度位置信息、UTC 时间信息和速度信息。这些信息将实时地发送给导航处理模块进行信息提取,同时导航处理模块向其发送控制指令,控制开关机和选择提供定位信号的卫星。

激光陀螺罗经提供无人艇的船首向和船首旋转角速度信息。多普勒计程仪输出无人艇的航速信息,作为无人艇航速的主要信息来源。回声测深仪输出无人艇所在位置的水深数据。首向信息、速度信息和水深数据均通过串口发送到导航处理模块。控制罗经、计程仪和测深仪开关机的控制指令由导航处理模块通过串口发送。

三、环境信息采集子系统

环境信息采集子系统和指挥与控制子系统通过串口相连,负责采集并上传包括无人艇周围环境信息在内的视频、图片、音频格式的数据,目标的方位、距离信息以及传感器的工作状态信息。指挥与控制子系统则针对不同设备通过串口传输控制指令。环境信息采集子系统将摄像机、前视红外传感器、激光测距仪、方位指示器、音频采集卡、船舶自动识别系统(AIS)等设备集成在多功能光电塔内部。

多功能光电塔内的控制云台遵循云台控制标准协议。目前主流的云台控制协议为 PELCO-D 协议。云台通过云台解码器可与系统内的处理模块按照串口或者并口的方式相连。处理模块通过向云台解码器发送控制指令来实现云台控制,包括俯仰、横移、聚焦、变倍等控制指令,同时返回包括云台转速、旋转角度在内的工作状态信息。

通过控制云台可实现光电塔内其他传感器的姿态控制,处理模块发送的控制指令仅限于控制各传感器的开启/关闭和工作模式切换。控制云台接收不同传感器采集的环境信息,经过简单处理后打包发送给指挥与控制子系统。这些信息包括黑白/彩色摄像机采集的周围环境的视频信息,前视红外传感器采集的视频和图片信息,方位指示器输出的目标方位信息以及激光测距仪输出的目标距离信息等。

四、通信子系统

通信子系统建立了无人艇与主控站之间的有效通信线路。在视距范围内,采用特高频高速数据通信传输无人艇上采集的雷达数据、环境状况、无人艇的工作状态等信息,使用VHF通信传输采集到的音频信息。对无人艇的控制指令和任务命令均可通过UHF高速数据和VHF通信传回无人艇上,同等条件下优先使用UHF高速数据进行通信。操作人员的语音呼叫通过VHF设备传回无人艇,并通过扩音器进行播放。在视距范围外,主要采用卫星通信的方式向主控站发送采集到的数据信息和工作状态信息,并接收来自主控站的控制指令和任务命令。通信线路的选择一方面要考虑通信距离,另一方面也要考虑水上通信信号的强弱,中间是否有岛屿等障碍物遮挡。三种通信线路均保持实时监听,确保数据传输的连贯性。

五、航行控制子系统

航行控制子系统主要实现对无人艇航速和航向的控制。航速的控制要借助发动机、齿轮箱和螺旋桨来实现。发动机为电控发动机,将传感器测量得到的发动机温度信息和齿轮箱转速信息实时发送到航速控制器,同时控制器会将控制指令输出给发动机和齿轮箱,用来改变航速。航向的控制主要由舵机完成。舵机接收到来自航向控制器的控制指令后,通过控制舵机内部的电机转动来改变舵角,进而改变航向。发动机及齿轮箱状态信息和舵角指示器测量的舵角信息(如果采用喷泵返回的则是喷口朝向信息)在航行处理模块内经过编码后作为反馈信息通过串口发送给指挥与控制子系统,指挥与控制子系统将制定好的航行控制指令发送给航行控制器,同时发送的信息还包括当前的位置、航向、航速和船首旋转角速度信息。

六、能源管理子系统

能源管理子系统负责管理无人艇的能源分配和使用、控制能源的消耗、实时测量能源剩余情况，包括燃油剩余量和电池组的剩余电量。当剩余燃油量或电量低于设定的低容量界限，不能满足当前任务需求时会自动报警。能源剩余情况连同报警信息通过串口发送到指挥与控制模块，提醒操作人员合理安排任务，确保无人艇安全返航。在需要的情况下可通过关闭不重要的电子系统以减少用电量，或者降低航速减少燃油消耗。相应的控制指令都通过串口由指挥与控制子系统下达。

第三节 水上无人艇的结构设计及优化

结构设计及优化技术包括结构特点及要求、结构布置及设计、结构材料及应用和结构优化等。

水上无人艇的结构设计需要采用和建立适宜的结构设计方法、试验方法，并采用良好的结构材料，在确保水上无人艇结构强度的基础上，尽量减小结构的尺寸和减轻结构的质量。

一、结构材料

目前，水上无人艇常用的结构材料有船用钢、铝合金、玻璃纤维增强复合材料和碳纤维增强复合材料。

(一)钢材

钢材是传统的金属材料，具有成本低、便于维修、耐碰撞等优势，但钢材的质量对水上无人艇而言过高，因此应用较少。但为了降低建造和使用成本，部分执行水文信息收集、海上巡逻等任务的水上无人艇仍采用钢制结构。

(二)铝材

铝材具有较高的强度/质量比(比强度)，维护要求低，故广泛应用于高速水面艇领域。焊接带来的铝板变形会影响艇体表面光滑度及型线精度，因此，需要高质量的施工将这种变形降至最低，另外，采用相对较少的拼接以确保表面光滑。但由于铝材的模压成型技术应用范围较窄，铝材在复杂曲面艇体上的应用受到限制，如果采用较多的焊接对曲面进行拼接，则将抵消部分质量优势，因此铝材在复杂曲面艇体上的应用受到限制。

(三)复合材料

玻璃钢材料的物理力学性能及工艺性能与金属材料不同。钢材的物理力学性能在出厂时已经确定，并在质保书中标明。而玻璃钢的物理力学性能则与成型过程有很大关系，且具有可设计性，它本身不仅仅是材料，也是结构，这就使得玻璃钢在结构设计上具有与钢制船不同的独特之处。

玻璃钢、碳纤维增强复合材料等相对于船用钢、铝合金等金属材料，具有质量轻、比强度和比刚度高、耐化学腐蚀、抗疲劳、耐磨、绝缘、无磁以及吸波/透波性好等一系列优势，能够满足未来水上无人艇在隐身、减重等方面的发展需求。另外，复合材料耐化学腐蚀、抗疲劳等特性也较传统金属材料更适用于水上无人艇的运行环境。因此，若无特殊要求，采用复合材料是未来水上无人艇的发展趋势。

二、结构设计

水上无人艇结构设计是指依据其所承受的载荷与能力，对载体结构的构件尺寸进行计算和校核。目前，水上无人艇的结构设计采用的主要方法有以下两种。

（一）规范设计法

根据水上无人艇的主要尺度、使用要求、结构材料、施工方法及工艺要求，按照船级社制定的船舶建造规范的有关规定，确定结构形式、构件布置和尺度，再进行总强度与局部强度、结构稳定性等校核。

但是由于船型及构件布置等要素的不同，规范中的简化公式未能充分考虑结构的详细应力分布、边界条件和结构布置，而实际结构破坏模式是多种多样、复杂又相互关联的。因此，使用规范设计法时，抵抗破坏的安全裕度是未知的，设计者无法确切地知道所得到的设计结果是恰当的还是偏于保守的。

对于水上无人艇而言，必须以"斤（两）计较"的态度严格控制结构质量。因此，规范设计法可用于水上无人艇的初步设计阶段，但后期应对该设计结果进行进一步优化。

（二）直接计算法

该方法基于结构力学的知识，按各种构件的受力情况，直接进行强度计算以求得构件尺度。这种方法具有较高的力学合理性，而且可以预先选择目标函数，进行优化设计，可更好地实现轻量化目标。

直接计算方法有时难以估计施工的工艺性或者使用上的特殊要求，如树脂流动的不均匀性、舱容、腐蚀、维修和航运要求等，因此，优化的结果可能陷入局部最优点的搜索。

三、结构优化技术

在水上无人艇的结构设计过程中，为了得到理想的设计方案，传统上会采用逐次逼近的方法进行设计。首先，根据同类型结构的已有经验，加上设计者的判断，拟定初步设计方案，然后进行结构的强度、刚度和稳定性的计算分析，再通过设计人员进行修改和分析，但是这样反复的"计算分析—修改—计算分析"的设计过程效率较低，且最终设计方案的经济性和合理性往往带有设计者的主观性。

随着智能算法的发展、有限元分析技术的成熟与计算机技术的飞速发展，结构优化技术经历了从产生到发展、并且逐步走向成熟的过程，完成了从经验到理性的转变。虽然初始的设计方案还需要设计人员的参与，但优化设计的过程由计算机自动完成，节省了大量的人力、物力，缩短了设计周期，设计质量也可大幅提高。

水上无人艇的结构优化设计是指在满足某种规范或某些特定使用要求的条件下，使结构的某种性能指标（如质量、造价、刚度等）达到最佳状态，也就是说，在可行的设计方案中，按照某种特定的标准找到最佳设计方案。其结构优化过程大体可分为以下三个阶段。

(一) 建立数学模型

水上无人艇结构优化设计遵循的原则与目的是使设计方案达到最优。为了达到这一目的，就需要建立一个能够正确反映设计问题的数学模型。建立数学模型的过程是指根据水上无人艇具体的结构形式、受力特点及结构变形条件，将该工程结构问题转变成一个可采用优化设计的数学问题。

(二) 选定合理的、有效的优化方法

优化方法的选取要根据所要设计的具体工程而定。构件尺寸优化过程中的变量是离散变量还是连续变量，优化问题是否有约束等，这些都是选择优化方法的参考依据。我们需要根据优化问题的性质及特点进行合理选择。

在结构优化设计过程中所使用的方法，包括传统的数值优化方法或现代智能优化算法，这些方法都会使计算机按照设计者的意图，向着使方案变得更好的方向自动调整设计变量，从而得到一个最优化设计方案或者近似最优设计方案。

数值优化方法具有坚实的理论基础和广泛的适应性，如序列线性规划方法、求解约束优化方法的可行方向法，都在船体结构优化中得到了大量的应用，其中惩罚函数法的应用最为广泛。数值优化方法具有理论严谨、适用面广、收敛性有保证等优点，但是，存在计算量大、收敛慢的缺点，尤其是对多变量的优化问题更加明显。水上无人艇的结构优化设计一般都属于混合变量优化设计问题，现代智能优化算法不需要利用目标函数的导数值信息，在求解这类复杂结构优化问题时具有相当的优越性。目前主要用于船舶结构优化设计的现代智能优化算法有遗传算法、模拟退火算法、人工蚁群算法和粒子群算法等。其中，遗传算法在船体结构优化设计中的应用最为广泛。

(三) 编制通用计算程序

计算机程序是优化设计的手段。可以通过自编程序或现有通用软件的优化模块进行水

上无人艇载体结构优化。

  水上无人艇载体的结构优化设计按其实现方法可分为两大类：①基于规范的结构优化设计。该方法基于水上无人艇设计经验及规范设计结果，首先确定问题的约束条件，其次根据相应的载体类型和结构特点确定问题的设计变量和目标函数，最后通过高效的优化算法对载体结构进行优化设计。②基于计算的结构优化设计。该方法是对水上无人艇进行有限元分析，直接提取与结构相应的应力响应作为约束条件，并确定设计变量和目标函数，选择一定的优化策略，进行载体结构优化设计。

  当前，基于规范的结构优化设计方法的可靠性和适用性更好，在水上无人艇的结构优化设计中应用较多。

第三章　水上无人艇艇体技术

第一节　水上无人艇艇体选型及艇型特点

一般来讲，水上无人艇的艇型可以分为低速艇型和高速艇型，由于低速艇型相对简单，这里不做详细介绍。高速艇型一般包括滑行艇、半滑行艇、水翼艇、气垫船、地效翼船、小水线面双体船等。下述分析几种高性能艇的艇型。

一、水上无人艇艇体选型

水上无人艇艇型技术是提升水上无人艇快速性和耐波性的关键技术。科研人员在研制水上无人艇时，往往结合其执行的具体任务选择合适的艇型。前文介绍了美国、以色列等西方国家的水上无人艇技术现状和我国的水上无人艇技术现状，从前文介绍可以看出，目前国内外水上无人艇艇型主要采用半潜式小艇、单体滑行艇、半滑行艇、双体滑行艇、三体滑行艇、水翼艇等艇型。在水上无人艇的主要艇型中，半潜式小艇的大部分艇体在水下，与常规艇相比，其兴波阻力较小，平台稳定性高，速度在 25 kn 以下。单体滑行艇通常采用 V 形、深 V 形，综合性能好，拖曳能力强，速度超过 20 kn，但其艇体阻力对负载分布非常敏感，稳定性较差。半滑行艇与单体滑行艇相比，具有较低的阻力和较高的适航性，耐波性好，是一种效费比高、稳定的水面无人平台，航速超过 30 kn。水翼艇在所有艇型中阻力最小，适航性最好，是中等海况下比较稳定的平台，航速超过 40 kn，但缺点是不适合拖曳，且成本较高。其他艇体类型主要包括纯排水型小艇、小水线面双体船、穿浪型艇和多体艇等，这些艇型适合特定需求，通用性较差。几种水上无人艇艇型的特点见表 3-1。

表 3-1　几种水上无人艇艇型的特点

艇　型	设计航速范围/km	航行原理	艇型优点	艇型缺点
单体滑行艇	20～50	在静止以及排水航行状态下，艇体由浮力支撑；高速滑行时，艇体由水动升力支撑	①建造工艺相对简单，易于实现，风险小；②技术成熟，成本低	受风浪影响很大，耐波性能较差，适航水面风浪环境一般不超过 4 级海况

续表

艇 型	设计航速范围/km	航行原理	艇型优点	艇型缺点
三体滑行艇双体船	40～80	在静止以及排水航行状态下,艇体由浮力支撑;高速滑行时,艇体由水动升力和气动升力共同支撑	①速度快、稳性好;②耐波性好;③海况适应能力强;④兴波小、喷溅小	排水航行状态阻力较大
水翼艇	25～50	由两个细长的单体船通过上层建筑连成一体,无论在静止状态下还是高速航行时都由浮力支撑	①高速时,阻力性能好;②甲板面积大,便于布置;③具有良好的操纵性和稳定性	①多数采用铝合金结构,耐冲击性较差;②吃水大,不利于在浅水等复杂海底区域航行;③高海况下晃动大
气垫船	40～60	在高速运动时由水翼所产生的水动升力将艇体托离水面	①阻力性能优良;②航行平稳;③一定范围内受波浪影响较小	①航速超过60kn时水翼产生空泡,性能急剧恶化;②操控复杂,静吃水较深;③水翼容易被撞伤甚至遭到破坏
艇型	40～70	利用在船底和支撑面之间形成的空气垫使艇体离开水面,通过减少与水的摩擦阻力提高航速	①具有两栖性;②能够用于地理位置复杂、常规船舶难以达到的航线	①操纵复杂,成本较高;②高速时稳定性差

二、滑行艇的艇型特点

对于大众熟知的排水型船来说,它们在航行过程中的航态几乎与静浮状态没有明显的差别,亦即航行过程中航态改变不大。与排水型船不同,滑行艇在航行过程中不但航态与静浮时有显著不同,而且在不同航速下,航态的改变情况亦完全不同。由于排水量不同,不同滑行艇进入滑行状态所需的速度也不相同,为了描述滑行艇航态变化与速度及排水量的关系,科研工作者引入体积弗劳德数 $Fr_\nabla = \dfrac{v}{\sqrt{g \nabla^{\frac{1}{3}}}}$。其中 v 为滑行艇的航速,m/s²;∇ 为滑行艇的排水体积,m³;g 为重力加速度,m/s。滑行艇在实际航行过程中,从低速航行到高速航行,航态一般要经历下述3个阶段。

第1阶段,当 $Fr_\nabla < 1$ 时,称为排水航行状态。此时航速较低,其航行状态与排水型船相似。当滑行艇在此航速范围内航行时,艇体各部分吃水变化不大,与静止状态相比,艇体表现出少量的平行下沉,通常艇首下沉较之艇尾下沉得多些,即略有首倾。滑行艇在

这种航态下，艇体重力完全由静浮力支撑。

第 2 阶段，当 $1 \leqslant Fr_\nabla < 3$ 时，称为过渡状态。在这个速度范围内，随着航速的增大，其航行状态出现明显的变化，主要表现在：艇首由原来下沉趋于上抬，艇体重心也逐渐上升到正浮高度之上，艇尾部下沉得更甚；随航速继续增高，艇首的上升和艇尾的下沉亦随之增加，因此，整个艇很明显地由第 1 阶段的"略有首倾"状态向尾倾转化；随航速的增大，尾倾将继续增加，在某个航速点，尾倾将达到最大值，此时滑行艇将遭遇起滑前的阻力峰，此航速点是滑行艇过渡状态与滑行状态的临界点。显然，在这种航态下，由于航速的增大，水动升力已成为不可忽视的因素，由于艇体部分被逐渐抬出水面，排水体积也逐渐减小，所以静浮力对艇体的支撑作用也逐渐减小。

第 3 阶段，当 $Fr_\nabla \geqslant 3$ 时，称为滑行状态。在这个速度范围内，随航速的增大，艇首上抬不再增大，反趋于逐渐减小，艇尾亦不继续下沉，因此艇体航态表现为航行纵倾角开始逐渐减小，滑行艇的阻力也将有明显的减小。当滑行艇的航速继续增加时，其湿表面积也将逐渐减小，表现为滑行艇仅尾部与水面接触，艇首及艇中后部均被抬出水面，其阻力降低到一个最小值；当航速继续增加时，艇体大部分被抬出水面，排水体积被减小到最低限度，艇体重心与流体动压力中心在同一垂线上，阻力由最小值开始再次增加。在此状态下，艇体受到的水动升力已成为支撑整个艇体质量的主要部分，整个艇体与水平面成一定的纵倾角沿水面向前滑行。显然，此时与前述排水航行状态和过渡状态有本质的差别，可粗略地认为排水体积逐渐趋于零。滑行艇模型水池试验表明，滑行艇存在一个稳定航行的最大航速，也就是当滑行艇的航速达到最大时，继续增大拖车航速，滑行艇将会出现剧烈海豚运动现象（滑行艇出现周期性的艇体完全出水与艇体落水现象），这是一种航行失稳现象，当艇体落水砰击严重时，会破坏艇体结构。

滑行艇包括单体滑行艇（一般指无断级单体滑行艇）、断级滑行艇、槽道滑行艇（也称为双体滑行艇、双体槽道滑行艇）、三体滑行艇，下面分别介绍各艇型特点。

(一) 单体滑行艇

单体滑行艇的艇型与一般的船不一样，典型的单体滑行艇是"天行一号"无人艇。其底部比较平坦，高速航行时仅部分艇底与水面接触，艇底与水面形成一个夹角，其水下部分可近似看作一个有攻角的滑行平板，从而形成水动升力，艇体的重力主要靠所形成的水动升力支撑。这种艇在纵长方向没有设置断级，因此也称为"无断级滑行艇"。这种艇一般采用舭部带折角的 V 形线型，艇底与舷侧以折角线连接，以使艇底水流在舷侧处抛出，从而使艇体表面湿表面积减少。同时，艇底也是一个滑行面，所产生的升力将大部分艇体托离水面，从而达到减少水阻力的目的。为了改善滑行艇的喷溅性能，增加艇底升力，艇部一般都装有防溅条。当航速达到某个临界值时，艇体主要由水动升力支撑，部分艇体被抬出水面，达到全滑行速度后，艇体的浸水长度和湿表面积大为减少，摩擦阻力大幅度地降低，从而实现高速航行。

单体滑行艇的主要缺点是耐波性较差，不适合在大风浪中航行，在滑行状态下波浪对艇体产生很大的砰击力，因此对艇体结构强度要求较高。

(二) 断级滑行艇

单体滑行艇高速航行时经常会由于艇体重心与水动力中心的纵向位置不重合，而做较大的纵摇运动。同时，由于浸水长度过长，滑行艇摩擦阻力较小的优势未得到充分发挥。为此，对于超高速滑行艇，通常可以在艇底中部沿纵向设置一个或多个横向断级，这样可以增加艇底与水体之间的气隙空间，利用空气润滑减阻原理，降低艇的滑行摩擦阻力，从而实现进一步提高其滑行效率和减少其纵摇运动的目的，这种艇称为断级滑行艇。

与无断级滑行艇相比，断级滑行艇艇底由两个或多个滑行面构成，艇底湿表面积小，因而摩擦阻力小，升阻比大，同等条件下断级滑行艇航速较高，但耐波性能不如无断级滑行艇好。

(三) 槽道滑行艇

槽道滑行艇是20世纪70年代末由英国Cougar公司研制出的一种高性能艇型。它应用了流体力学的基本原理，使艇体大部分的重力由水动升力支撑，形成了非常小的排水体积，吃水很浅，大大减少了艇体兴波。其典型特征是艇体底部有一条纵向贯通的喇叭状槽道，把艇底分为3个滑行面，即槽道顶滑行面和两个底侧滑行面。槽道滑行艇高速滑行时，在冲压的作用下，空气从艇首槽道口处进入，并与槽道内飞溅的水流相混合形成气-水混合物，航速越高，则空气进入量越多，越有利于形成空气层。由于空气或气-水混合物的密度比水小得多，所以空气层可以起到对槽道顶滑行面的润滑降阻作用，使艇的摩擦阻力大大减小。此外，空气润滑层有一定吸收能量的作用，可缓和艇体在波浪中所受到的冲击。槽道的存在相当于增加了滑行艇底部的"深V"程度，这对滑行艇在波浪中的摇荡和底部受到的砰击起到减缓作用。同时，槽道的存在使艇具有较宽的甲板面积，有利于总布置。在采用双机双桨时，因两个螺旋桨的轴线间距较大，故槽道滑行艇又具有良好的操纵性。另外，槽道中的水流在尾部以喷柱形式射出，这有利于减小艇的升沉和纵摇。因而槽道滑行艇还具有良好的耐波性和风浪中的稳性。Cougar公司的"处女大西洋挑战者号"槽道滑行艇曾在1985年创下了横渡大西洋(航行2 819 n mile)的纪录，就是有力的证明。

槽道滑行艇艇型既不同于单体滑行艇，又有别于常规双体船。常规双体船没有滑行面，且艇最大宽度较大，槽道既宽又深，无论是在静浮状态还是在航行状态，槽道顶均处于通气状态。而槽道滑行艇在静浮或低速航行状态下，槽道完全浸于水中；在高速滑行状态下，槽道顶处于通气状态并形成空气润滑层，从而大幅度减少了摩擦阻力，使艇处于两点支撑的稳定滑行状态；高速滑行时空气润滑层还具有缓冲、减振、减少拍击的作用，相比于单体滑行艇，槽道滑行艇具有明显的优越性，在风浪中可保持较高的航速。因而，在近海水域中，槽道滑行艇可作为新一代的巡逻艇、侦察艇、救生艇和交通艇，由于吃水浅，兴波飞溅小，其也可以在内河和港湾中使用。

为进一步改善槽道滑行艇的水动力性能，在槽道内加装具有升力效应的槽道水翼，以提供额外水动升力，并在艇的尾板处安装压浪板，以降低槽道滑行艇的峰阻。经过这样改进的槽道滑行艇也被称为槽道水翼滑行艇。

(四)三体滑行艇

三体滑行艇由 3 个艇体组成，中间为主艇体，主尺度较大，两侧并肩各有一个大小相同的辅助片体，从而组成了两个喇叭型的槽道，艇体横剖图类似于 M 形。

现对主艇体、槽道和辅助片体 3 个组成部分的功能与特征分别叙述如下。

主艇体：提供三体滑行艇在静止和排水航行状态下的大部分有效浮力。主艇体长宽比较大，而艇底横向斜升角较小，高速航行状态下艇体主要由水动升力和部分空气动升力支撑，因而主艇体可以使用较小的横向斜升角来保证足够的动升力而又不至于使艇最大宽度过大。艇尾部有纵向升高，形成负攻角，以便调节高速下的艇体航态，提高滑行效率。高速时主艇体是主要的水动力滑行面，提供大部分水动升力。底部滑行面两侧具有两道横向弯曲结构，可有效地减少横向喷溅的形成，有利于保持底部的动压力，提高滑行效率。此外，横向弯曲在艇底形成两道引气槽，高速时部分空气能从引气槽进入，对滑行面进行润滑，从而降低阻力。

槽道：主艇体两侧为槽道，优化的槽道表面可提供最有效的气动升力。槽道的几何形状对三体滑行艇的气动升力性能至关重要，因此设计时要首先考虑槽道的线形应独立于其他艇体部分的几何设计，槽道进口高于静水线，槽道首端呈喇叭状，槽道顶可以为穹形顶或平形顶，槽道顶线曲率沿艇长变化呈 S 形，使得槽道与水面形成一定的正攻角。三体滑行艇在静止或低速航行状态下，槽道浸没于水中；进入滑行状态后，随着航速的提高，空气在冲压的作用下从艇首部两侧槽道喇叭口处进入，在槽道顶形成气流腔，使槽道顶部得到空气润滑，既减小了摩擦阻力又提供了空气动升力。

辅助片体：两侧辅助片体排水量占总排水量的 5%～20%，辅助片体的存在使得排水体积向两舷分布，在倾斜时可以提供较大的回复力矩，同时也使得三体滑行艇在高速回转时几乎无侧滑，能保持较小的回转直径。辅助片体横剖面呈倒梯形或倒三角形，辅助片体内外侧横向斜升角较大，有利于划水和降低兴波阻力。在静止或低速航行状态下，辅助片体被水淹没，给艇体提供额外的静浮力；进入滑行状态后，随着航速的提高，艇体抬升，辅助片体逐渐离开水面直到片体尾部刚刚与水面接触，主艇体产生的兴波与喷溅都被片体所吸收和遮蔽。辅助片体内外侧都设有折角，外侧折角能够减少侧体产生的飞溅，内侧折角则能够降低槽道内的湿表面积，进而减小摩擦阻力。

三体滑行艇由于其艇型的特殊性，其在航行过程中的航行姿态变化与其他滑行艇有所不同，也分为 3 个阶段，根据船模试验所得到的结果，各个阶段的特点如下。

(1)排水航行及半滑行阶段($0 < Fr_v \leqslant 3.0$)。

1)艇体由静浮力和水动升力支撑,随着速度的提升,静浮力分量逐渐降低,水动升力分量逐渐增加。

2)出现第一次阻力峰,纵倾角和重心升程变化较大,纵倾角先增大再减小,重心升程迅速增大。

3)滑行面宽度=主艇体最大折角线宽度+槽道浸湿宽度+两侧辅助片体浸湿宽度,其中槽道浸湿宽度和两侧辅助片体浸湿宽度随速度的提升不断减小。在起滑时槽道通气,槽道顶全部位于水面之上。

(2)滑行阶段($3.0 < Fr_v \leqslant 6.0$)。

1)艇体由静浮力、水动升力和气动升力共同支撑,随着速度的提升,静浮力分量减小至可忽略不计,气动升力逐渐增大,但艇体受到的动升力以水动升力为主。

2)阻力与 Fr_v 近似呈线性关系,纵倾角逐渐减小,重心升程缓慢增加,艇体航态稳定。

3)滑行面宽度=主艇体最大折角线宽度+两侧辅助片体浸湿宽度,其中辅助片体浸湿宽度随速度的提升而不断减小。

(3)超高速滑行阶段($Fr_v > 6.0$)。

1)艇体由水动升力和气动升力支撑,随着速度的提升,气动升力比例不断提高。

2)出现第二次阻力峰,纵倾角和重心升程变化较大,受气动升力影响,变化幅度较出现第一次阻力峰时小。越过第二次阻力峰后,阻力下降,但进一步提升航速,可能出现"海豚运动"。

3)滑行面宽度——主艇体最大折角线宽度,此时,辅助片体底部仅与水面接触,艇体产生的兴波与喷溅被迅速吸入槽道内,槽道中自上而下形成空气层(气膜)、气-水混合物层以及喷溅水流层。空气层和气-水混合物能够有效地降低三体滑行艇高速滑行时的阻力,还具有缓冲、减振和减少拍击的作用,相对于单体滑行艇较大幅度地拓宽了航行区域。

三体滑行艇槽道两侧艇体的不对称性使流体动压力场发生变化,内侧与外侧的兴波和飞溅不同,内侧小于外侧,其干扰远小于对称的艇体,可使三体滑行艇的兴波和飞溅较单体滑行艇小。此外高速时主艇体的兴波与喷溅被吸到槽道内,槽道内的空气层和气-水混合物对艇体表面起到润滑、降阻的作用,因而阻力在高速时将较常规单体滑行艇小。

进入高速滑行后,主艇体产生的兴波与喷溅都被吸入槽道中,一方面两侧辅助片体内外侧横向斜升角在60°以上,入水部分窄而锋利,兴波与喷溅小,另一方面,随着速度的提升两侧辅助片体逐渐离开水面,进一步降低了飞溅产生的概率。

三体滑行艇的特殊构造使其具有相对较大的水线面面积,在静止状态下,排水体积向两舷分布,在倾斜时可以提供较大的回复力矩;高速航行时,侧体提供了很好的方向稳定性,就像飞机的尾翼一样,横向动稳性由水动升力和气动升力共同作用,侧体槽道内气层的缓冲以及侧体入水部分所提供的附加横摇阻尼,使得在艇体横剖面上浮心的移动较小,如果横摇超过一定值,整个槽道的顶部将自动对艇进行扶正。纵向失稳仅在重心过于偏后、速度很高时才可能发生。

三体滑行艇两侧槽道的存在和所形成的气流层,大大减少了艇在波浪中的砰击,槽道中的水流在尾部以喷柱形式射出,有利于减小艇的升沉和纵摇。因此三体滑行艇在波浪中能保持较高的航速,波浪中的阻力减小和失速减少,并且比单体、双体滑行艇拥有更小的垂向加速度和更大的横摇阻尼系数;这意味着在相同风浪的情况下,纵向、横向波浪对三体滑行艇艇体的冲击力小,且横摇角较小,可为乘员提供比同样排水量的单体、双体滑行艇更为舒适的航行性能,使其在高于单体、双体滑行艇所预期的海况下高速航行。

三、半滑行艇的艇型特点

半滑行艇是指航行状态处于排水航行与滑行之间的小艇,就广义的范围上讲半滑行艇是指在 $1 \leqslant Fr_\triangledown < 3$ 范围内的艇。这种艇的水动升力已经不可忽略,但尚未成为支撑艇重的主要部分。根据水动升力与水的静浮力的相对大小,又可将其分为两类:在 $1 \leqslant Fr_\triangledown < 2$ 范围内的低速艇和在 $2 \leqslant Fr_\triangledown < 3$ 范围内的高速艇。前者虽已受到水动升力的作用,但艇重仍然主要靠水的静浮力支撑,航行时航态变化不是很明显。实际上,一些高速排水船,如驱逐舰、护卫舰等也属于低速艇。这类艇的艇型除长、宽比较小外,其他与高速排水船很类似,阻力规律与航海性能也与之相近。这里要讨论的主要是 $2 \leqslant Fr_\triangledown < 3$ 范围内的高速艇,这类艇受到的水动升力已相当大,以致明显地影响了艇的航态,从而明显地影响其航海性能。半滑行艇作为无人艇的重要艇型,其主要用于拖拽某些自重及阻力较大的探测设备,这里主要介绍一种 M 形半滑行艇。

M 形半滑行艇源自意大利威尼斯河上的小型游艇,是为了避免高速游船(水上的士)高速航行产生的波浪对威尼斯河堤岸的冲刷和破坏而专门开发设计的一种消波艇型,因底部形状呈 M 形,故得此名。这种超常设计的 M 形半滑行艇艇体由中心排水体、滑行槽道和刚性侧裙 3 部分组成。

M 形半滑行艇的中心排水体在船舶静止或排水航行状态下为艇体提供浮力,在滑行时,中心排水体的尾部成为主要滑行面,为艇体提供大部分升力。中心排水体两侧为滑行槽道,设计合理的槽道表面可提供有效的水动升力和气动升力。M 形半滑行艇中前部的槽道形状有利于吸收并捕捉高速的空气流和船首兴波;艇中后部的槽道形状有利于气-水混合物的增压和动量转换,并在槽道壁面和水之间形成泡沫气垫,使槽道顶部得到润滑,既减小了摩擦阻力又提高了滑行动升力。滑行槽道外侧浸入水面形成刚性侧裙,侧裙横剖面形状呈下尖的楔形,侧首端水线呈前尖的楔形,侧裙内侧形状的设计有利于捕捉和反射船首兴波的能量,当槽道内向后螺旋传播的船首兴波遇到刚性侧裙时再次被捕捉和反射,并能控制槽道内的压力梯度。侧裙外侧形状保持平直以使其表面压力梯度最小,从而减小阻力和兴波。M 形半滑行艇独特的槽道几何形状是 M 形半滑行艇区别于其他三体滑行艇艇型的重要特征,其主要作用类似于气垫登陆艇的围裙,对槽道起着密封的作用。

一般来说，船舶在航行时船首产生的波浪是不可避免的，而这种波浪产生的兴波阻力是船舶阻力的主要组成部分。人们在设计船舶时，都会尽量减少船首的波浪以减小阻力。M形半滑行艇艇型则另辟蹊径，充分利用艇首产生的波浪能量，将波浪能量转化为一种空气压力，类似于鼓风机的作用，推动艇首的飞溅水流与空气混合物由艇首至艇尾形成螺旋式的运动，在艇体与水面之间形成了一个封闭式的水与空气混合的泡沫气垫。同时，气垫的抬升作用使得艇体部分托离水面，艇体与水的接触部分就减少。这两种机制的共同作用降低了艇体的黏性阻力，增加了艇的推进效率，并减少了艇的尾迹，使得艇能够快速、平滑地航行。从原理上看，M形半滑行艇艇型的原理跟侧壁式气垫船有些类似。但它充分利用了高速航行时艇首产生的能量，形成气垫，对艇体进行抬升，减少了侧壁式气垫船所需的气垫风扇系统，从而减少了艇的自重，增加了艇的有效载荷，使得其有效载荷能够占到排水量的43%。同时M形半滑行艇艇型的槽道结构所形成的密封气垫，相对于侧壁式气垫船而言减少了对围裙的需要，从而免除了侧壁式气垫船经常需要更换围裙的麻烦。

和其他艇型相比，M形半滑行艇还有一个优点就是具有良好的适航性。一般而言，快艇在起伏不定的波浪中航行时容易产生垂向加速度，形成较强震动，乘员一般很难承受，容易受伤。在美国海军中，因快艇受伤或者致残的事件屡见不鲜。M形半滑行艇艇型的艇体结构和槽道中形成的水气混合泡沫气垫则能有效减少恶劣海况下高速航行时所产生的50%以上航行震动，从而大大改善了高速航行的适航性和舒适性。

显然，上述分析表明M形半滑行艇是单体滑行艇、高速多体船、气膜减阻船、侧壁式气垫船的混合艇型，综合了上述4种艇型的长处，将流体动力学性能和空气动力学性能较好地结合了起来。特殊的艇型结构使M形半滑行艇同时具备阻力低，消波性能和耐波性能好，航行稳定性好，适航性能优秀，低速状态下5级海况仍能工作，机动、灵活等优点。

四、水翼艇的艇型特点

水翼艇是从滑行艇演变和发展而来的一种艇型。它是在单体滑行艇的底部加装水翼变化而成，水翼的横截面与机翼形状相似。水翼艇在高速航行中，利用艇底设置的水翼所产生的升力将艇体托起。当水翼所产生的升力与排水量相等时，水翼将艇体托离水面，只有水翼、推进器和支架与水接触，这种状态称为翼航状态。在翼航状态下，水翼艇所受的阻力，特别是兴波阻力以及波浪对艇体运动的扰动都将大大降低，从而使水翼艇获得较高的航速和良好的耐波性。水翼所产生的升力随航速的不同而不同，航速越高，升力越大。当水翼艇低速航行或静止时，它与排水型船一样，艇体所受的浮力与重力平衡，这种状态称为浮航状态。

水翼艇按水翼数量的多少，分为单水翼艇（只有前水翼，又称翼滑艇）和双水翼艇（有前水翼和后水翼）。单水翼艇首部一般通过浅浸水翼支撑艇体，尾部为滑行面，双水翼艇则利用前、后两个水翼支撑艇体航行,双水翼艇可以实现翼航状态。按翼航时水翼是否穿越水面,水翼艇可分为割划式、全浸式;按水翼攻角可否调节,水翼艇又可分为自控和非自控(固定)两种。

割划式水翼艇在航行时水翼有一部分露在水面之上,仅部分面积浸没在水中,它依靠改变水翼浸水状况来调节水翼升力,而不需要其他附属设备。因此结构简单、使用可靠。割划式水翼艇的优点是自稳性好、储备水翼面积大、进入翼航状态速度慢等。它的缺点是对波浪扰动比较敏感,在波浪中不容易维持稳定的升力,不适宜在风浪较大的海域高速航行。

全浸式水翼艇的结构特点是水翼全部浸沉在水中,艇体由连接水翼的垂直支柱支撑。全浸式水翼艇按照水翼浸水深度的不同可分为浅浸式水翼艇和深浸式水翼艇。水翼浸水深度小于水翼弦长的称为浅浸式水翼艇,大于水翼弦长的为深浸式水翼艇。浅浸式水翼艇利用水翼浸水深度的变化来控制艇体的稳定,由于水翼浸水深度不大,当艇体发生倾斜时,一侧水翼可能被抬出水面,产生的升力减小,而浸水深度大的一侧水翼则产生比另一侧更大的升力,以这一方式所形成的回复力矩将倾斜的艇体扶正。割划式水翼艇的平衡原理与浅浸式水翼艇大致相同,都是利用两侧水翼的升力差异产生的回复力矩来扶正艇体,浅浸式水翼艇和割划式水翼艇都具有自稳性。而深浸式水翼艇的水翼所产生的升力不会因为水翼浸水深度的改变而改变,这个特性使得深浸式水翼艇在一定风浪条件下平稳、高速航行时不具备自稳性的功能。深浸式水翼艇水翼升力的调节主要是通过自动控制系统控制水翼的攻角或调节水翼后缘襟翼的攻角等来实现,并以此来维持深浸式水翼艇航行过程中的稳定。

全浸式水翼艇按前、后水翼所承担的载荷不同通常分为3种:①鸭式布置,即后翼为主翼,承担70%艇重,前翼承担30%艇重,此时,前翼兼起舵的作用;②飞机式布置,即前翼为主翼,承担70%艇重,后翼兼起舵的作用并设置推进螺旋桨;③串列式布置,前、后水翼各承担50%艇重。鸭式布置的优点是它在波浪中的操纵性能好,尤其是当前翼出水时不会像飞机式布置那样产生激烈的纵摇、横摇和偏航;飞机式布置的优点在于能利用后翼设置推进效率较高的螺旋桨,在低速浮航状态下机动性好,但在波浪中的操纵性能不如鸭式布置;串列式布置的特点在两者之间。

深浸式水翼艇一般通过自动控制系统来调节水翼的攻角,使之根据水翼艇前波浪扰动的改变,来维持水翼艇的平稳航行。当某个外界因素使水翼艇的航速降低时,该系统会自动将水翼的攻角增大,使其升力提高;当航速增加以至引起升力增大时,该系统又能自动减少水翼的攻角,使其升力降低以便与艇体的重力相平衡。正是这种可以迅速调节攻角的深浸式水翼在波浪中的灵敏反应,使水翼艇具有良好的适航性,可以在不规则变化的海浪中高速、平稳地航行。但是,这种水翼系统的水翼支架结构复杂,自动控制系统及附属的液压操纵设备复杂而且昂贵。

水翼艇的主要有下述优点:

(1) 高速航行时阻力小。水翼艇在翼航状态下，艇体被水翼托出水面，水下部件只有水翼、舵和轴系等。因此，水阻力大幅度降低，航速得以大幅度提高。现有的水翼艇最高速度可达 70 kn。

(2) 耐波性好。由于翼航状态时艇体被托离水面，波浪对水翼艇的扰动降低，故水翼艇在风浪中的摇荡运动减小，其耐波性得到较大的改善。

(3) 高速航行兴起的波浪小。由于翼航状态下仅有水翼、舵等部件处于水中，所以兴起的波浪很小，因此，水翼艇十分适合于内河航运，它可以大大地降低兴波对堤岸的破坏。

(4) 物理场辐射性低。水翼艇在翼航状态下，由于艇体脱离水面，艇体的物理场辐射将会减弱，特别是声辐射将会大幅度降低。水翼艇的低物理场辐射特性有利于提高舰船的隐身性，降低遭水下攻击的危险。

(5) 操纵性好。水翼艇在翼航状态下，利用襟翼和舵的联合作用，使艇体产生具有安全性的内倾回转，因而具有较好的回转性。

水翼艇的主要缺点有：艇体之下有水翼，不适用浅水航道；水翼宽往往大于艇最大宽度，靠泊码头不方便；为减轻主机质量常采用高速内燃机或燃气轮机，使用寿命短，对燃油要求高，经济性较差；由于水翼升力和结构强度的限制，难以大型化。

水翼艇可用于军用和民用领域。军用水翼艇有炮艇、导弹艇、巡逻艇、猎潜艇等。民用水翼艇有游艇、客艇、客货艇、渡船等。

五、气垫船的船型特点

气垫船在船底和水面之间充以空气（其压强高于大气压强），使之产生气垫，利用这一称为静态气垫的支撑力把船抬起，由于船体被抬离了水面，摆脱了水阻力的束缚，从而可以实现高航速。气垫船的航速一般为 30~80 kn，军用气垫船可达 90~100 kn。

气垫船形成气垫的方法有许多种，较为常见的是用离心式风扇来产生增压空气。空气通过气垫船下部四周的环状喷嘴喷出，形成气幕，气幕围住气垫船下方的空气而形成静态气垫，气垫的压强高于外界大气压强，将船垫升至离开水面一定高度。气垫船按气垫封闭装置的类型分为全垫升式和侧壁式两种。

全垫升式气垫船的船体四周采用柔性围裙将增压空气围起来形成气垫，气垫支撑了艇体的全部重力，艇体完全脱离水面。全垫升式气垫船推进通常采用空气螺旋桨或喷气推进器，装在其后方的垂直尾翼则起舵的作用，控制气垫船的前进方向。全垫升式气垫船具有独特的两栖性和良好的通航性。它不仅能在江河湖海、急流险滩地区航行，也能在草原、沙漠、沼泽和冰雪地等复杂环境下行驶，而且具有一定的越障能力。其缺点是耐波性和操纵性稍差、噪声大、空气螺旋桨推进效率低。全垫升式气垫船可用作登陆艇、导弹艇、巡逻艇、短途高速客船和渡船等。

侧壁式气垫船的两舷和船体做成一体的刚性侧壁插入水中,围住气垫,只有前后两端采用柔性围裙阻拦空气溢出,空气溢出率较全垫升式气垫船低,因而可以降低对鼓风风扇的功率需求。侧壁式气垫船不全部脱离水面航行,气垫支撑船体的大部分重力,采用水动力螺旋桨或喷水推进器推进,船只能在水面航行。它虽然不再具有越障和两栖的能力,但速度快,吃水浅,有较好的操纵性和航向稳定性,加之所消耗的垫升功率较小,经济性比全垫升式气垫船好。因此,侧壁式气垫船在民用领域的应用更多。在民用领域可用作气垫高速客船、内河浅水航道的运输船舶等,在军用领域可用作巡逻艇、导弹艇等。

由于气垫船的垫升合力随船舶尺度的加大而增大,船越大,底面积越大,气垫产生的垫升合力也越大。因此气垫船在尺度上的限制比其他类型的高性能船舶小,容易向大型化方向发展。

与其他类型的舰船相比,气垫船具有以下特点:

(1)阻力小,航速高。气垫的作用摆脱了常规排水量船高速航行时水阻力随航速成指数增长的障碍,为较大幅度提高舰船的航速提供了基础条件。

(2)两栖性。全垫升式气垫船具有独特的两栖性,能够穿越浅水、沼泽、冰雪地、滩涂及陆地等,具有良好的通航性,无须码头设施即可登陆及越障。

(3)可设置宽大的甲板面积和舱容。由于气垫船船体大部分脱离水面,体积增大不至于产生过大的阻力。因此,可以按需要设置宽大的甲板面积和舱容,不会构成太大的阻力障碍。

(4)良好的超载能力。与水翼艇、滑行艇不同,气垫船是靠与推进系统分离的垫升系统产生垫升力的,超载只会引起航速的缓慢下降,不会像滑行艇或水翼船那样因超载而无法滑航或翼航,导致航速突降。

(5)物理场辐射性低。气垫对水面的作用是一个均匀的低压力场,其水下噪声也因采用空气螺旋桨或喷水推进器而较低,物理场辐射性比常规舰船要低得多。由于气垫船航行时没有深入水下的船体,水雷对其威胁程度比常规舰船要低得多。因此,气垫船也可以用于布设水雷。

六、地效翼船的船型特点

地效翼船也称冲翼船、表面效应船、掠海地效翼船、地效飞行器、冲翼艇、冲压式气垫船、气翼艇等。地效翼船的形状像飞机,两侧有形似机翼的船翼,有的地效翼船船身也做成翼状。当高速航行时,由于船体离水面或地面较近,进入船体与水面之间的空气被强烈阻滞,翼面下的压力增高,形成动态气垫,从而将船体托离水面以上一定的距离。

地效翼船可以说是介于飞机和船舶之间的一种新型运载工具。它是一种充分利用地效、掠海低飞或浮水航行等特性的高技术船型。所谓"地效"是地面效应的简称,指飞行器在低高度飞行以及在起飞和着陆过程中地面产生出一种使机翼诱导阻力减少、升阻比增加、飞行器升力显著提高的效应。大量风洞试验结果表明：当机翼距地面高度为机翼长度的15%时，地面效应最明显，机翼的升阻比可提高30%以上，这一区域称为地效区。

地效翼船在航行时不与水面直接接触，只是贴近水面飞行。地效翼船最低可在紧贴水面0.5 m的高度稳定飞行。地效翼船巡航飞行高度通常为其翼展的0.05～0.2，属特超低空飞行，这是它与飞机的最根本区别，而且它能在水面或码头停泊，仍具有船的特征。基于这些特性，我们把这样一种利用地面效应的飞行器归类为高性能船舶。地效翼船的航速介于常规飞行器和常规船舶之间，可达到100～300 kn，是当今航速最快的船舶。

地效翼船外形与飞机相似，而且在空中飞行，因此很容易被误认为与飞机的飞行原理相同。实际上，飞机同地效翼船的飞行机理有较大的差别。飞机是利用飞行时在机翼上下表面产生的压力差所形成的升力来支撑其重力的，而地效翼船是利用空气的动力效应在船翼下产生的动态气垫来获得支撑力的。地效翼船在地效区内比飞机有更大的升阻比，气动效率也更高，因此，它只有在地效区内飞行才能将其优越性显示出来。研究结果表明：地效翼船的地面效应是地效翼船相对飞高（地效翼船空气动力中心距地面的高度与2倍船翼展长之比）和船翼展舷比的函数，相对飞高越小，船翼展舷比越大，地面效应越强。

地效翼船与常规船舶和常规飞行器相比，具有以下特点：

(1)高速性。由于地效翼船完全脱离水面，没有水阻力，它的航速可大幅度地提高，其航速一般为100～300 kn，是常规船舶的数倍至数十倍。

(2)隐蔽性。地效翼船可在超低空海面（地面）雷达的盲区飞行，不易被敌方发现，也不易被攻击。作为作战舰船，它具备了隐蔽性和突袭性的优势。

(3)适航性。由于地效翼船脱离水面飞行，海面波浪对它不会造成太大的干扰，故其具备良好的适航性。由于地效翼船吃水深度很小，又可在水面随处起升和降落，它可以抵达一般船舶和飞机难以到达的岛屿和水域。

(4)经济性。地效翼船利用了地面效应原理，其升阻比要比一般飞机大1.5～2倍，因此在相同装载量与航速条件下，需要的发动机功率较低。另外，地效翼船在地效区内飞行，而不是在同温层大气中飞行，其舱室不需气密。它在水面起降，不占用宝贵的土地资源，并可节省大量的机场和跑道建设费用，其对通信、导航、空/地勤保障条件要求也较低，因此它的建造和运营成本明显低于飞机。

(5)安全性。地效翼船贴近水面飞行，一旦出现紧急情况，可随时在水面停泊，安全性高。

(6)舒适性。地效翼船在水面以上飞行，不直接受海浪冲击，所以颠簸程度比常规船舶小得多，也没有高空强气流造成的颠簸。舱内噪声程度与大型客机相当。

(7)两栖性。除了水面之外，地效翼船还可以在草原、滩涂、沼泽、冰雪地和平原等各种地区航行。

七、小水线面双体船的船型特点

小水线面双体船(Small-Water plane Area Twin-Hull ship，SWATH ship)是将双体船的片体在水线处缩小以形成狭长流线型截面的双体船，有时又称为小水线面半潜式双体船。与普通双体船相比，小水线面双体船兴波阻力可以进一步减小，耐波性也得到了进一步改善。小水线面双体船主要由上船体、支柱体和下潜体三部分组成。

小水线面双体船的设计概念早在20世纪之前就已被提出。然而，直到1973年美国才建成了世界上第一艘小水线面双体船——"卡玛林诺(Kaimalino)号"。该船作为海上靶场试验保障船，用于监测火箭飞行轨道，打捞并回收返回地球的弹头数据舱等。它的使用结果表明：小水线面双体船具有适应恶劣海况和适合进行海上特种作业的特点。2001年4月，我国第一艘小水线面双体船——海关监管船交付使用。该船在珠江口执行反走私任务。

小水线面双体船上船体的建造材料一般为钢材、铝合金或玻璃钢。由于不必过多地考虑阻力性能，上船体通常采取相对容易建造的简单造型，外形一般呈长方形，内部设置舱室，顶部为宽阔的甲板平台，可根据不同的功能要求布置有效载荷。这些载荷可以是各种设备、武器装备、舱室、直升机或集装箱货物等。下潜体(又称下船体)为两个彼此平行而且相互对称的流线型箱体，尾部装有推进器。正常航行时这两个下潜体没入水中，小水线面双体船的主要浮力由下潜体提供。推进器或推进器传动机构、稳定鳍的控制执行机构以及各种油水舱一般也都布置在下潜体内。支柱体横截面为流线型。它从下潜体向上穿过水面与上船体连接，将上船体与下潜体构成了一个整体。支柱体也是上船体和下潜体之间的联系通道。小水线面双体船这种结构极大地改善了船舶的耐波性，同时又因为高速航行时兴波阻力较小而使其达到较高的航速。

小水线面双体船主要：

(1)高航速时阻力小。对于小水线面双体船而言，提供船体浮力的排水量集中于距水面较深处的下潜体，使得水线面积大为缩小，航行中船体兴波和兴波阻力明显减小。

(2)推进效率高。螺旋桨安装在外形为流线型的下潜体尾部，使螺旋桨得以在伴流比较均匀的流场中工作，这有利于船身推进效率的提高，另外，由于螺旋桨沉深较大，其直径受限制较少，可采用推进效率较高的大直径、低转速螺旋桨。

(3)耐波性能好。首先，与单体船不同，小水线面双体船的几何形状变化的自由度较大。设计者可以通过改变船体的几何形状、质量分布方式等手段，调整小水线面双体船的垂荡、纵摇和横摇运动的固有周期，以避开海区中波浪出现频率高的周期，从而降低其在海上的运动响应。其次，小水线面双体船排水量大部分分布在远离水表面下潜体中，当其在波浪中航行时，所受到的波浪扰动力也较常规单体船和常规双体船明显减小。因此，小水线面双体船的耐波性要比相同排水量的单体船好得多。

(4)甲板面积大。双体船的甲板面积比相同排水量的单体船要大得多,空间比较充裕,有利于设计者根据需要进行合理的总体布置。

(5)操纵性好。小水线面双体船的下潜体与支柱体构成两个细长片体,从而保证了其航向稳定性不论在低速还是在高速时均较好。此外,小水线面双体船为双桨双舵船,相距中纵剖面较远的两个螺旋桨正反转时可以产生比较大的回转力矩,同时也使安装在桨后的舵的操舵效率提高,从而使低速航行时的回转性亦较好。

(6)静稳性好。虽然小水线面双体船支柱体的水线面较小,但由于两支柱体的间距大而有较大的水线面惯性矩,因而其具有很好的静稳性。

(7)建造成本低,建造周期短。小水线面双体船船体外形简单,几乎全是平面和圆柱等简单形状的组合,便于模块化设计和建造,有利于降低建造成本。

小水线面双体船的主要缺点如下:

(1)与同排水量的单体船相比,小水线面双体船空船质量大10%~15%,部分结构需要采用轻金属以减轻质量,造价相对较高。

(2)湿表面积大,摩擦阻力较大。与相当排水量的单体船相比,小水线面双体船的湿表面积增大。因此在低速航行时,摩擦阻力较大,使总阻力也较大。

(3)因为下潜体与支柱体内部空间较小,所以轴系的维护与检修比较困难。

(4)由于水线面面积较小,所以较小的质量变化(如航行过程中燃油的减少)就会引起吃水较大幅度的变化。另外,小水线面双体船的每厘米吃水吨数仅相当于同排水量单体船的20%~40%,破舱后对其浮态影响较大,破舱稳定性较差。

(5)由于纵稳心高远远大于横稳心高,对单体船通常只需考虑其横稳性。而小水线面双体船横倾回复力矩大致与单体船相同,但由于其长宽比较小,纵倾时的回复力矩仅为单体船的10%~20%,所以小水线面双体船的纵稳性也是设计时必须考虑的一种因素。

第二节 滑行艇艇型设计参数

由于水上无人艇对航速、耐波性、快速性、平台稳定性、效费比、可搭载性和布放回收等都有特殊要求,综合上述关于水上无人艇艇型特点的分析可知,单体滑行艇和半滑行艇比较符合这些要求,是较为通用的艇型。单体滑行艇和半滑行艇的航行状态与一般排水型船有较大差别,因而艇型有其相应特殊之处,在确定主尺度和设计线型时,要综合考虑阻力、稳性、抗波浪冲击、防飞溅、航向稳定性等技术性能,并根据艇本身的大小、航速、用途、航行水域等特点的不同,设计艇型参数,使其满足各项性能指标要求。滑行艇的主要艇型参数包括长度、宽度、尾板折角线宽度、重心纵向位置、横向斜的升角、断阶和折角线投影面积等。

一、滑行艇的主尺度

(一)总长 L

滑行艇在设计航速(或巡航速度)时,其航行状态是滑行状态,滑行艇只有尾部一小段滑行面和水接触,此时的滑行艇性能和艇的总长(一般称为艇长)没有关系,因此,在设计时对艇长的选定并不像排水型船舶那样注重。但是,考虑到滑行艇在低速航行以及在波浪中航行时往往处于排水航行状态,艇长对适航性和低速航行阻力有一定的影响,在实际设计中,艇长应在满足总布置和航海性能的要求下,尽量短些,以减轻总质量,降低造价。除了总长外,滑行艇还有一个常用的长度名称——折角线长度,约为总长的95%。

(二)最大宽度 B

对滑行艇来说,在设计宽度时一般要考虑艇的最大宽度和折角线宽度,一般来说,最大宽度确定后,折角线宽度就确定了,滑行艇的折角线宽度沿艇体纵向是变化的,其大小一般在最大宽度的60%~80%之间。

显然,滑行艇的宽度选择比长度选择更为重要,它是提供有效动升力的一个重要参数,特别是折角线宽度,它是滑行艇主尺度中的首要因素,在高速下,若不将折角线宽度加大到必需的数值,将直接影响起滑状态。在排水量一定的情况下,如果总布置允许重心位置后移以获得有利的滑行纵倾角,则增大折角线宽度相当于增大滑行面的展弦比,可以提高滑行效率,使艇获得较大的流体动升力,提高升力系数,湿表面积也随之减小,这对降低阻力是有利的。如果重心位置不能后移,则在增加宽度的同时,浸湿长度几乎不变,浸湿表面积增加,摩擦阻力增加,与此同时,尾部浮力增大,浮心后移,使滑行纵倾角减小,滑行艇的总阻力往往增加。

内河滑行艇的最大宽度可取 $B=0.6L^{0.7}$。用于海上滑行艇的最大宽度可取 $B=0.63L^{0.65}$。

(三)尾板折角线宽度

减小尾板折角线宽度有利于改善滑行性能,但是过窄的尾部不但不能满足实艇布置的要求,而且可能由于尾部压力过小,航行纵倾角过大,以致远超过最佳纵倾角,使滑行性能变坏。采用较宽的尾部可适当减小航行纵倾角,改善尾部流动。实际滑行艇尾板折角线的宽度与最大宽度相比,一般都较小,通常两者的比值为0.7~0.8。一般来说,在阻力峰区附近航行的艇要求有较宽的尾板折角线,而越过阻峰区航行的艇要求有较窄的尾板折角线。然而,过大的尾板折角线宽度会使航行纵倾角度过小,并使湿表面积加大。特别地,尾板处的宽度过大,会使摩擦阻力增加很多,艇的加宽还会使艇体质量相应增大,从而影响航速。

(四) 长宽比 L/B

长宽比对排水型船和滑行艇阻力都极为重要。对滑行艇而言，L/B 在 2~7 之间为宜，具体数值根据不同的设计要求选定。一般说来，过小的长宽比会出现较大的阻力峰，且在高速下容易产生纵向颠簸。长宽比对静水阻力的影响还与航速密切相关，按 Fr_∇ 的不同大致可以分为以下 3 种情况：

(1) 较低速度。$Fr_\nabla = -1.0 \sim 2.0$ 时，阻力值随 L/B 的增大而显著下降。此时，滑行艇处于排水航行阶段，其流体动力特性与高速排水艇完全相同，因此，艇体长宽比对阻力影响十分显著。当 L/B 增大时，使剩余阻力，特别是兴波阻力明显减小，因此阻升比（即阻力与排水量之间的比值）显著下降。

(2) 较高速度。$2.0 < Fr_\nabla < 3.0$ 时，随着 L/B 的增大，阻力值减小的趋势变得缓慢，甚至会出现阻力值随 L/B 的增大而略有增大的趋势。此时，滑行艇处于过渡"起滑"或开始滑行的状态。由于此时艇体所受到的水动升力已占艇体所受支撑力的较大部分，相对来说静浮力作用逐渐减小。因而通过增加艇体长宽比来减小艇体阻力中的兴波阻力的收效并不十分明显，故继续增大长宽比，其阻力值的减小缓慢，甚至不再减小。

(3) 很高速度。$Fr_\nabla > 3.0$ 时，L/B 对阻力的影响将发生根本的变化。主要表现在：过分增大 L/B，则其相应的阻升比反而增大。这说明过大的 L/B 对滑行艇来说不可取。这不但与常规船有区别，而且与高速排水艇（即过渡型快艇）有根本的区别。因为此时艇底水动升力很大，艇体被抬出水面，处于"滑水前进"的状态，其阻力性能的优劣完全取决于水动升力的大小。因此如果取适当小的 L/B 值，则相当于增大了艇底滑行面的展弦比，升力作用大。另外，艇体取较大的 L/B 值，其相应的摩擦阻力亦较大，即使在全滑行时，艇体的摩擦阻力在总阻力中仍占有相当大的部分。基于这以上原因以及高速滑行艇的飞溅作用，速度极高的滑行艇，其 L/B 宜取适当小的值，以便能确保其阻力较小。

(五) 吃水

对于一般船舶而言，宽度小、吃水深对降低阻力有利，但对于高速艇而言，吃水只影响静浮力及低速航行，对滑行性能无影响，因而吃水往往是在宽度和长度确定之后就已经被确定。

(六) 排水量 Δ

滑行艇的排水量 Δ 是最重要的艇型参数之一，其对阻力和耐波性的影响极为敏感。当排水量增大时，艇体的剩余阻力将增大，体积弗劳德数 Fr_∇ 下降，而且阻力变化几乎与排水量成线性变化，随着排水量的增大而增大。因此，在设计和建造滑行艇时，应严格控制艇的质量。

(七) 重心纵向位置

滑行艇的重心纵向位置是影响阻力性能的重要参数，这点与排水型船有很大差别。因此对滑行艇来说，不但对排水量要严格控制，而且对艇体重量分布有一定限制，在给定排水量的情况下，重心位置、航速和艇最大宽度构成滑行艇滑行的3个重要条件。在滑行艇设计中应当使艇体的重力和重心分布得当，综合考虑机舱、油水舱及相关舱室的布置，使得舰艇在滑行时获得预期的纵倾状态。

从阻力角度来看，重心后移则纵倾角增大，可以减小浸湿长度。如果艇体原纵倾角较小，重心后移显然对降低阻力是有利的。如果艇原来处于最佳纵倾状态，则当重心后移时可以改用较大的折角线宽度，这样既可保持有利的纵倾角，又增大了展弦比，无疑会提高滑行性能。但如果重心过于偏后，对避免海豚运动和波浪中的运动响应以及冲击加速度都有不利的影响。重心过于偏前，往往会使在设计航速时的纵倾偏小，阻力增大，但阻力峰及其纵倾角降低。纵倾减小，当然对在波浪中的运动响应及冲击加速度有利，但低速航行阻力增加，航向稳定性也将恶化，迎浪时甲板易上浪，随浪时易失速，某些艇横稳性还会变差。因此，对一定的滑行速度而言，要有一个最佳的重心纵向位置。这个位置决定艇的航态，因而也决定了艇的阻力。一般来说，重心在折角线投影面积的形心后 $4\%L \sim 15\%L$ 较合适（折角线投影面积的形心一般在尾封板折角线前 $43\%L \sim 46\%L$）。一般而言，艇的速度越高，重心可后移的范围越大，但重心后移的最大值以不产生纵向颠簸运动为限。

(八) 几个主尺度对滑行艇性能的影响

一般折角线与设计水线的交点距船首的距离与水线长之比大于 20%，若该值过小，飞溅波浪可能上甲板。一般重心与浮心之间的距离与艇总长 L 之比小于 10%，若该值过大，初始纵倾角会大于 2°。当重心在浮心后面时，艇显尾重，艇起滑时间长，所需动力将增大，滑行前进时"昂首"过高，艇速将受影响。当重心在浮心前面时，艇将产生"埋首"现象，特别是停车时埋首幅度很大，航速也受影响。一般滑行艇在进入滑行状态前有一个沉尾—抬起的过程，正常情况历时 2～3s，然后保持一定的尾倾角滑行前进，比较理想的尾倾角为 2°～3°，若角度过大，航速将受影响。

二、横向斜升角

艇底横向斜升角的大小对滑行艇升力面的效率起决定性的作用。选取合适的艇底横向斜升角是线型设计的关键。原则上讲，艇底横向斜升角越小，升力作用越大，滑行面效率（升阻比）越高。但过小的横向斜升角将导致波浪拍击加重，使航向稳定性变差，艇首部拍击会产生严重的纵摇，故一般都设计成带有明显折角的 V 形剖面，V 形的程度可用艇尾横向斜升角 β 来表征。

虽然艇尾的横向斜升角减小有利于提高水动升力，使阻力减小，但也带来其他方面的影响。具体表现在：①艇首的横向斜升角较大，在波浪中航行易出现"叩首"现象，即艇体对纵向摇摆敏感，导致航行的纵倾角时大时小，适航性较差，同时也产生不稳定的伴流，引起波浪失速；②由于艇尾横向斜升角趋向 0°，艇体龙骨线从中部至尾部过渡时必须要有一定纵向向上的斜升，根据平板滑行的理论，其航向稳定性较差，因此这种艇型只适合在风浪较小的内河中使用。

现代滑行艇，特别是海上滑行艇在设计方面做了以下改进：

(1)艇首线型出现微凸的 V 形剖面，由于在滑行初期，艇体的阻力较大，要使艇体产生一定纵倾角而增加升力系数，必须提高艇首的升力，使艇体提前进入滑行状态。由于艇首在滑行后抬出水面对阻力的影响不明显，而对航行中的"叩首"现象则大为改善。

(2)艇中部至尾部采用深 V 形剖面，虽然横向斜升角较大，使阻力加大较明显，但航向稳定性及艇的纵向摇摆明显改善，使船身效率及推进效率提高，同时适航性较好。

(3)采用深 V 形剖面会使阻力加大，为了克服这一矛盾，在设计中沿艇底设置多条与纵剖线相一致的压浪条，在舷侧与艇体折角线处设置较宽的压浪板，可减少流体动力的损失，也对减少飞溅有明显效果，使阻力降低。

对于海上滑行艇，艇中部 β 一般为 13°～23°，尾部 β 为 10°～16°。内河滑行艇由于波浪不大，艇中部 β 以 8°～12°为宜，尾部 β 为 0°～2°。

三、断阶

高速滑行艇合理设置艇底断阶后可以大大降低滑行状态下的阻力，但当滑行艇航行时，断阶前面的部分艇底上承受着大部分载荷。断阶的设置使断阶处和艇尾部的流体动力特性发生有利变化，能够使高弗劳德数下的静水阻力减小，同时又能保持优秀的纵向稳定性。

设计断阶滑行艇的目的是降低艇体的湿表面积，减小黏性阻力，同时仍然维持高的水动升力。滑行艇在滑行时，艇底的流动在断阶处分离，并在分离后形成通气区，而通气区的位置正好是同一个没有断阶的滑行艇艇底的低压区域。因为在折角线处流动开始分离的地方，单位长度的垂向水动升力最大，所以断阶必须设置在这个位置后一定距离的地方。

四、滑行纵倾角

滑行艇滑行状态下的纵倾角与阻力有很大关系，随着滑行纵倾角的增加，剩余阻力也随之增加，飞溅现象与艇尾部"鸡尾流"现象也愈加严重，但由于纵倾角加大，艇体的湿表面积减小，从而摩擦阻力减小，一般而言总阻力也减小。但是，实际采用的滑行纵倾角往往小于最低阻力时的滑行纵倾角，这是因为采用最低阻力时的滑行纵倾角会使重心非常靠后,滑行中容易发生海豚运动,会导致滑行艇航行稳定性变差,前、后、上、下的摇摆与升沉运动,不仅使阻力增加,严重时还会翻艇。

实航试验证明滑行纵倾角为4°左右(随航速变化而有变化)较为理想。滑行纵倾角可以通过艇型的线型变化、重心与动压力中心位置的调节、改变艇最大宽度、增设折角线及压浪条等措施改变,但最为有效的方法是改变螺旋桨与艇体基线的夹角,特别是对舷外机或舷内外机更为方便,也可以在艇尾增设一定长度与基线平行或微倾斜的压浪板来实现滑行纵倾角的变化。一般而言,滑行艇负荷一定时存在一个有利的纵倾角,在此范围内工作将有利于滑行效率的提高,其范围为4°~6°。此结论对于非平板的滑行艇也是适用的,对于不同的艇底横向斜升角,最佳滑行纵倾角见表3-2。对滑行艇而言,通常希望有较大的最大宽度和合适的滑行纵倾角,这也就是滑行艇的长宽比要比排水型船小得多、重心纵向位置的控制要比排水船重要得多的原因。

表3-2 艇底横向斜升角与最佳滑行纵倾角的关系

艇底横向斜升角/(°)	最佳滑行纵倾角/(°)
5	5
15	5.5
20	6.5
25	7.5
30	9

五、折角线投影面积

船模试验证明,一定排水量的滑行艇选择适当的折角线投影面积 A,对降低阻力性能会带来一定的收益。当 $Fr_\triangledown < 3.5$ 时,取较大的面积载荷系数 $A/\Delta^{2/3}$,具有较低的阻力值;在 $Fr_\triangledown = 3.5$ 附近,对应不同的 $A/\Delta^{2/3}$ 值时的阻力值之间相差不明显;而当 $Fr_\triangledown > 3.5$ 时,取较小的 $A/\Delta^{2/3}$,其阻力性能较好;当 $Fr_\triangledown > 4.0$ 以后,较大的 $A/\Delta^{2/3}$ 值反而导致阻升比变大,这是由于在全滑行状态下,阻力随载荷增大的趋势与起滑阶段不同。增加滑行艇的载荷虽然会引起阻力显著增大,但速度越高,其阻力增大的变化率渐趋缓和。因此,在极高的航速范围内,$A/\Delta^{2/3}$ 较大时的阻升比反而比 $A/\Delta^{2/3}$ 较小时大。一般军用滑行艇的面积载荷数为 5.0~7.0。

六、折角线

滑行艇的艇底与舷侧以折角线连接,以使艇底水流在舷侧处抛出,减少湿表面积,并使艇底成为一个滑行面。折角线的设计参数对艇的性能有重要影响。折角线最大宽度一般在离艇首部 40%L 处，尾板处宽度与最大折角线宽度的比值为 0.65～0.80。为了使艇有较佳的起滑性能和起滑航态，折角线与水线的交点通常在离艇首部(1/4～1/3)L 处。折角线在艇中后侧投影应近于直线或微凹。艇首折角线与水线所成的角度应在 3.5°～6°的范围内。如果该角度远大于 6°，则一般将折角线延伸到艇首柱的顶点，并且在波浪中会引起阻力的增大、舯部的冲击加剧和适航性下降。

七、横剖面形状

常见的横剖面形状有直线斜升型和曲线斜升型。当艇尾横向斜升角相同时，采用向下弯曲的横剖面比直线斜升型横剖面的滑行效率高，这是因为剖面向下弯曲后有利于保持底部的流体动压力，可以减小舯部的压力损失从而减少横向飞溅，特别是主飞溅的高度将减小，从而减小了飞溅引起的能量损耗。此外，横向弯曲型剖面还有一种所谓的波型横剖面，也是曲线斜升型，这种波型横剖面的特点是艇底处略呈凸形，至水面附近略呈凹形以维持平均斜升角不变。这样的横剖面形状既减小了局部横向斜升角以提高升力效应，又保持了平均横向斜升角的大小以满足耐波性的要求，并且可以有效减少波浪中的拍击现象。

有试验结果表明，将横剖面形状由直线斜升型改成曲线斜升型可以有以下优点：

(1)将龙骨处的尖角改为圆角有利于提高流体动力性能，这是因为在横向龙骨处附近为最大压力区域，圆角有利于保持流体动压力。

(2)采用较大曲率半径的曲线比小曲率半径的曲线有利，即采用整体和缓的弯曲要比只在局部采用较急剧的弯曲有利些。

(3)一般来说，弯曲越明显效果会越好。但是过分的弯曲将造成艇部冲击力加大，使滑行性能恶化，并且带来制造工艺上的麻烦。

八、几种有效的减阻措施

(一)防溅条

设置防溅条能改善喷溅，保持艇甲板干燥，且对减小阻力与缓和横摇都有好处。一般来说防溅条沿折角线设置，这样确定了折角线的位置，也就确定了它的安装位置。将艇首折角线的高度设计得高一些，防飞溅的效果会更好些。将防溅条自艇首到艇尾沿折角线水平设置(宽度可设为 50 mm)，这样等于增加了滑行面的宽度。当高速滑行时，喷溅水流沿防溅条喷向两侧，降低了喷溅阻力，减少了能量损失。同时防溅条还能起到与艇龙骨相仿的作用，使艇在波浪上的横摇性能得到改善。防溅条安装方式主要有以下几种：①折角线处加装水平防溅条；②折角线处加装垂直防溅条；③舯部向下弯曲；④艇部做成凹槽形。防溅条的宽度通常为折角线宽度的 2%～3%，在艇中及中后的安装角度与水线成零度，在近艇首处与水线成8°左右的俯角,由艇中至艇首逐渐过渡。

防溅条对滑行艇防止飞溅和降低阻力均可起有利作用,且其结构简单,安装方便,被大多数滑行艇采用。但应该指出,垂直防溅条的升力效应虽然较水平防溅条大,但实际安装于艇体后,其并不沿流线方向设置,因而由垂直防溅条本身引起的附加阻力必将较水平防溅条的大,亦即相当于抵消一部分升力效应。通常滑行艇安装垂直防溅条后,艇的升阻比几乎与没安装之前相等。

(二)舭龙骨

为了抑制主飞溅,一般在艇底舭部安装水平(垂直或弯曲)防溅条,称为舭龙骨,能够减小约8%的阻力。

(三)喷气装置

国内外研究结果表明,气层能够使平板及回转体减少50%~80%的表面摩擦阻力;仅耗费发动机3%的功率去制造气层,就可使舰艇的总阻力减少20%~30%,功率消耗小且减阻效果明显。

海军工程大学董文才、郭日修等探讨了气层减阻在断阶滑行艇上的实施途径及效果,其通过两种重心位置、两种断阶方式、五种喷气流量的选择组合进行试验,试验结果显示阻力减少高达25%,而所需气压仅为0.015 MPa。

(四)艇尾压浪板

艇尾压浪板的安装主要是为了消除滑行艇中速段阻力峰。通过安装艇尾压浪板,滑行面流体动压力合力的作用点相对后移,其效果类似于改变重心的纵向位置,使阻力值减小。艇尾压浪板对增强滑行艇的纵向稳定性,延迟"海豚"运动的发生也是有帮助的。高速滑行艇采用艇尾压浪板来减小阻力的好处,已被不少模型及实艇试验所证实。其主要原因在于艇尾压浪板本身增加了艇长,同时还延长了尾流,相当于增加了艇的虚长度,艇尾压浪板可与艇尾端的防溅条连成一体(宽度也可设为50 mm)。

第三节 半滑行艇艇型设计参数

与传统滑行艇艇型注重高航速的特点相比,半滑行艇的艇型更注重拖曳能力和搭载能力,要求有更为宽裕的排水量与甲板面积,因此往往采取多体形式。从目前国外的应用情况来看,多数采用三体艇型和M形艇型。对于半滑行艇艇型的设计,除了槽道设计参数之外,其他设计参数以及艇型设计技术与单体滑行艇并无本质的区别。在半滑行艇滑行过程中,槽道的侧壁和顶壁的湿表面积是随艇的航速而改变的,低速时槽道壁的湿表面积较大，高速时则较小。另外，与单体滑行艇一样，半滑行艇艇体参数及辅助片体主要参数的改变对其水动力也具有较大的影响。故本节主要给出半滑行艇槽道设计参数对水动力性能的影响，主要包括槽道宽度、槽道高度、槽道顶部斜升角、槽道内水翼、片体横向斜升角和片体折角线宽度。

一、槽道宽度

槽道宽度主要影响的是半滑行艇水动力作用点的位置，从而可改变其航行姿态中纵倾角。槽道宽度直接决定着槽道的流场特性，过宽或过窄的槽道对半滑行艇的性能都是不利的。过宽的槽道不利于首兴波的捕捉，过窄的槽道不利于气流的进入，这两种情况都不利于气-水混合物的形成，进而影响流体动升力的产生。此外，窄槽道容易导致严重阻塞，造成阻力增大，在高速航行状态下容易出现海豚运动，从而影响艇体的航行安全。然而，槽道宽度也不是越大越好，一般槽道宽度取艇体总宽度的 0.35~0.55 为宜。

二、槽道高度

从追求高水动力性能的角度出发，选取较大的槽道高度对减小艇体阻力是有利的，但是在高速阶段其影响可以忽略不计，故在进行半滑行艇的优化设计过程中，槽道高度的影响可以忽略。

三、槽道顶部斜升角

当静浮或 $Fr_v < 4$ 时，半滑行艇槽道顶部相当于单体滑行艇的主滑行面。而当 $Fr_v \geqslant 4$ 时，空气进入槽道内，在槽道顶部和水面之间形成气-水混合物，使槽道顶部与水面隔开，形成一个有别于单体滑行艇底部的特殊滑行面，该滑行面具有气层减阻、减震的作用。从增强气层缓冲和减震的角度出发，槽道顶部斜升角取大一些较好，但是从提高半滑行艇滑行效率的角度出发，槽道顶部斜升角取小一些好。故对于槽道顶部斜升角的选取应该综合考虑各方面的情况，适当选取。槽顶的斜升角一般为 6°~15°。

四、槽道内水翼

在半滑行艇槽道内的合适位置安装形状合适的水翼可提供升力，相当于减小了半滑行艇的自重，水翼升力能够使艇体更快起滑，能更快越过阻力峰并能使滑行阻力减小，同时航态更平稳，纵倾角更小，艇体底部承受的波浪拍击更小，即使重心移至距尾封板 1/3 艇长处时，仍能保持稳定，不会有海豚运动现象的产生。有些半滑行艇还将槽道内水翼与压浪板进行配合，使阻力性能更加优化。

哈尔滨工程大学赵连恩、李积德等以槽道滑行艇为基础，在槽道内加装水翼和压浪板形成新的复合艇型，并进行了对比试验。试验结果表明，压浪板起到减小艇纵倾角的作用，可使压差阻力变小，槽道内水翼可减小摩擦阻力。两者联合使用能够在整个航速范围内减小艇的阻力。

槽道内水翼即使尺度较小，也能显著地改善艇的快速性，这主要是因为存在"槽道效应"，即槽道侧壁的"端板效应"和槽道顶部的"固壁效应"，使槽道内水翼的效率较高。

五、片体横向斜升角

对于半滑行艇而言，片体横向斜升角是影响其阻力性能的重要因素，而且这种影响作用在不同的航速下并不相同，因此准确地选择片体横向斜升角对降低阻力具有一定的意义。一般而言，半滑行艇的片体横向斜升角对耐波性的影响极小，故主要考虑其阻力性能。半滑行艇的片体横向斜升角较单体滑行艇的大，一般可取 $10°\sim 20°$。

六、片体折角线宽度

对半滑行艇而言，片体折角线宽度是影响其水动升力性能的一个重要参数。在高速航行状态下，片体折角线宽度应达到某一必需的值，若是不能达到该值，将会直接影响到艇体的起滑状态以及起滑时间。但是，片体折角线宽度不是越大越好，若其值取得过大，将会导致艇体航行时纵倾角过小，浸湿面积加大，进而加剧喷溅的形成，最终导致摩擦阻力的增加，影响半滑行艇的滑行效率。此外，由于半滑行艇中部和尾部的片体折角线宽度基本一致，且重心纵向位置偏后，倘若片体折角线宽度过大，则艇体的长宽比过小，最终导致艇体在高速滑行时较易产生纵向颠簸，影响艇体的航行状态。再者片体加宽也会增加艇体的质量，从而降低艇体的航行速度。综合考虑半滑行艇航速范围，片体折角线宽度一般取 0.18 倍的艇最大宽度较适宜。

第四节 滑行艇阻力的计算方法

在对滑行艇的各种性能研究中，与舰艇快速性相关的艇体阻力性能研究至关重要，低阻力是艇型优化、构型优化等研究工作的主要目标，也是滑行艇价值得以体现的标准之一，它最终决定艇型的整体性能是否能够达到预期的设计要求。

(1) 利用现有滑行艇的统计资料进行估算。这类方法虽然简单方便，但所得结果的准确性较差，故一般仅在做粗略估算时采用。

(2) 根据滑行平板试验结果分析并归纳半经验、半理论的方法。这类方法主要是通过一系列滑行平板试验资料分析并归纳所得的升力、阻力的计算表达式来确定实际滑行艇的水动力性能。半经验、半理论公式的计算方法是传统的船舶水动力性能研究方法,它将观察到的实际现象进行力学抽象,再利用流体力学的基本理论和数学工具来分析研究和计算船舶水动力性能。迄今为止,半经验、半理论公式的计算方法取得了很大的进展,已成功地应用于船舶兴波阻力计算、船舶波浪载荷计算及运动预报等研究。例如,势流理论用于由较细长体所组成的艇型的阻力性能研究时已能够取得较好的计算结果。但这种方法的缺点在于,由于艇体形状和艇体运动极为复杂,采用该方法求解时必须引进一些简化和假设,由此得到的计算结果与实际情况有所出入,使得该种研究方法准确性较差,从而影响了艇体性能预报的精度。该方法采用经验公式求解艇体黏性阻力分量,不能从黏性力的角度对艇型进行设计优化及深入的流场研究。半经验、半理论公式计算方法的缺点限制了它在船舶阻力、推进、操纵等水动力性能研究中的应用。

(3) 利用滑行艇系列模型试验图谱进行计算。这类方法完全是基于试验资料,是一种比较可靠的方法,但要求计算艇的艇型与系列模型艇型相近,两者越相近则结果越准确。滑行艇的艇型不像排水式船舶那样千变万化,其底部基本上都是有横向斜升角的折角线艇型,只不过横向斜升的局部线形是直线或是曲线,且其曲率大小有所不同。

(4) 基于CFD(计算流体动力学)技术的数值模拟方法用于船舶性能研究兴起于20世纪70年代末。尤其是近十多年来,随着计算机速度和容量迅猛提高及船舶计算流体动力学理论及技术的发展,CFD技术越来越广泛地用于船舶阻力等水动力性能的研究。由于采用CFD技术能够低成本、短周期地得到艇体的阻力值,并且能得到流场中的流动细节,相对于传统的水池拖曳试验方法和半经验、半理论公式的计算方法,CFD方法在船舶性能研究中展现了强大的流场模拟优势,已经成为船舶阻力、推进、操纵等性能研究的有效手段。该新型研究方法因受限于各种因素而存在精度低的问题。各种误差及不确定度源的存在降低了数值计算结果的可靠性及可信度。经过多年的发展,采用CFD方法预报船舶水动力性能的研究已取得了重大进展,突出地表现在这些研究已深入到船舶性能研究的各个领域,而且更重要的是其数值技术,如网格划分、多重网格加速收敛、自适应人工耗散、自由面捕捉、并行计算以及可视化等也有了重大突破;得益于相关CAD/CAE(计算机辅助设计/计算机辅助工程)技术的发展,目前已经能够进行复杂三维船体绕流场的建模及网格划分;国际领先的船舶流体动力学计算程序基本能够准确地捕捉复杂的流动形态及结构,对船体附近复杂的湍流流场也能比较精确地预报;流场中压力和速度的预报达到了较好的精度,与试验结果的吻合程度能够达到工程要求;能够处理自由面流动,自由面的预报达到了一定的精度,打破了船舶性能研究领域内长期将黏性流场与波场分开研究的状况,将两者作为一个整体研究,从而能够计算船舶总阻力,使得数值模拟计算和水池拖曳试验的目标相一致,大大增强了计算结果与试验数据的可比性;在高雷诺数计算方面,可以达到实船雷诺数量级,有望将CFD技术用于实船性能预报,为解决长期困扰船舶行业的船模/

第三章 水上无人艇艇体技术

实船"尺度效应"问题提供强有力的手段；在实用方面，已能够考虑船、桨、舵的相互干扰以及各种附体的影响，并与CAD/CAE技术相结合，在参数化船体设计、船型优化等许多方面得到了实际应用。

(5) 模型试验方法。这是确定给定艇型阻力性能的最可靠的方法。模型试验方法包括船模试验和实船试验。其中船模试验是研究船舶阻力等水动力性能的主要方法，它按照一定缩尺比制成船模，然后在拖曳水池中进行试验，再通过分析试验结果来研究船舶性能。船模试验最为可靠、有效，目前在国内外应用较为广泛，很多优良艇型都是经过大量船模试验才得到的，但是因试验费用昂贵，周期长而受到限制。由于船模和实船的雷诺数不相等，存在所谓的"尺度效应"问题，所以采用船模拖曳试验方法研究艇体性能也存在问题。实船试验的目的是验证船舶的各种性能是否达到设计要求，并验证根据船模试验结果所作预测的准确性。实船试验花费很大，除新船进行例行试航外，通常很少采用。

在以上5种方法中，方法(1)显然只能对滑行艇的性能进行粗略估算，适用于基于母型法设计的滑行艇，依据母型艇的性能对设计的新艇性能进行估算。方法(2)中应用较多的是查洁法和姆雷(Murry)法。方法(3)中，SIT法(又称Savitsky法)的应用最为广泛。下面对查洁法、姆雷法和SIT法进行简单介绍。

(1) 查洁法。查洁法是一种用于估算滑行艇在静水中航行姿态的方法，既适用于低速排水阶段，也适用于滑行阶段。

(2) 姆雷法。姆雷法是通过系列的滑行平板试验，确定滑行面压力中心位置及滑行面动负荷系数的函数关系式，绘制滑行面压力中心曲线图和动负荷系数图谱。在实际应用中，通过查询图谱直接对航行姿态进行估算。

(3) SIT法。SIT法是Savitsky根据美国史蒂文斯实验室水池试验结果提出的以试验数据为基础的半经验公式方法。自1964年Savitsky提出该方法以来，已有不同的版本，以多种形式出现的SIT方法可能是美国应用最多的滑行艇阻力预报方法。不同的版本常给出不同的结果，不过，它们的核心是相同的。

从国内外公布的有关滑行艇的资料来看，使用模型试验方法确定滑行艇阻力是最准确的方法。但进行模型试验不仅需要投入大量的人力、物力，还需要承担试验失败的风险，这对滑行艇这一性能优良的艇型的推广是十分不利的，因此有必要建立一套适用于滑行艇水动力性能预报方法，使其在计算速度上和前述第(1)种、第(2)种、第(3)种方法相媲美，在计算准确度上符合工程应用的精度，在人力和物力的投入上可以接受，而且不需要承担模型试验失败的巨大风险。为了建立这样一套滑行艇水动力性能预报方法，需要知道滑行艇水动力性能预报存在的难点，具体来说有以下3点：

(1) 滑行艇高速运动具有很强的非线性。从滑行艇的3个不同阶段我们可以知道，在从低速到超高速的整个过程当中，不仅浸湿长度随着速度变化，浸湿宽度在不同阶段也是变化的，而且各个阶段改变程度也不一样，这就造成了滑行艇阻力预报的复杂性。

(2) 水动升力与气动升力的耦合作用还不是很清楚。滑行艇高速航行于水-气双重介质中,在高速下,气动升力不仅对艇体有支撑作用,还能有效地调整艇体纵倾与升沉。进入滑行状态以后,随着速度的提升,气动升力对三体滑行艇影响越来越大,第2个阻力峰的纵倾角与升沉值的幅值变化明显比第1个阻力峰小。两侧槽道开口呈喇叭状,槽道顶为S形,空气在冲压的作用下进入槽道后被剧烈地压缩,再加上气-水混合物的影响,槽道内的压力分布很复杂,因而槽道的气动升力系数和作用点难以确定,也就无法计算气动升力在总的动升力中所占的比例以及对艇体航态的影响。

(3)影响滑行艇阻力性能的艇型参数众多。影响水动性能的艇型参数有主艇体宽度、横向斜升角、纵向曲度等;影响气动性能的艇型参数有槽道相对宽度、槽道相对高度、片体内横向斜升角、片体底线与龙骨线的相对高度等;影响整体阻力性能的参数有重心纵向位置、艇体负荷系数等。众多的影响参数造成简化阻力数学模型建立的困难。

显然,要克服滑行艇水动力预报中遇到的重重困难,在目前所有的数值计算方法中,只有基于CFD技术建立的三维黏性数值预报方法可以做到。

第四章 水上无人艇的自主决策与规划

第一节 水上无人艇的自主性

一、无人系统的自主性

在无人系统研究过程中人们发现,无人系统之所以能够"无需"操作者的干预,其关键就在于它具有一定程度的自主性(Autonomy),即能够进行自我管理。因此要进行无人系统研究,首先需要明确自主性的定义。

关于自主性的定义,在很多相关研究中都有涉及,但是美国无人系统自主性等级(Autonomy Levels For Unmanned Systems,ALFUS)工作组提出的定义比较全面和规范。该工作组提出的自主性定义如下:

自主性是指无人系统拥有感知、观察、分析、交流、计划、制定决策和行动的能力,能够完成人类通过人-机交互布置给它的任务。自主性可以根据任务的复杂性、环境的困难度和完成任务所需的人-机交互程度等因素来划分等级,进而表现出无人系统自我管理的状态和质量。

基于以上对自主性的定义,自主性与传统的智能性相比,前者体现了无人系统更好的自我管理能力,这种能力具有动态性,能够处理意外发生的态势,使人类的干预最小化,即具有自主性的无人系统必须具备生存能力和完成指定任务的能力;后者是系统设计者设计的静态能力,其智能性在设计阶段就已经确定,遇到问题和处理问题的类型都预先由程序决定。此外,也可以把传统的智能性看作是低等级的自主性,因为它也能够进行简单的自我管理,如智能导航。只是传统的智能性需要较多的操作者监督管理,而自主性是智能性系统的高级模块,需要建立在基本的智能功能基础上来实现。

二、自主性等级的划分及评价

根据自主性的定义,能够看出自主性是指系统自我管理的能力,这种能力有强弱之分。自主性等级(Autonomy Level)就是对自主性强弱的一种量化,这种量化与系统需要的交互信息量成反比,如图 4-1 所示。无人系统需要的交互信息越多,对人类的依赖性就越强,其自主性的等级就越低。无人系统若完全由外界控制,就变成了遥控系统。相反,如果无人系统需要的交互信息很少,对外界的依赖越弱,就说明其自主性越强,自主性等级越高。

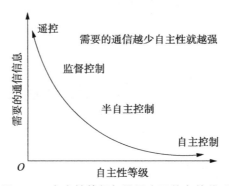

图 4-1 自主性等级与需要交互信息的关系

不同的智能系统具有不同的自主性等级,同一个系统在不同的时刻也可能有不同的自主性等级。为了便于衡量自主性的等级,对比自主性的差异,需要定义等级划分标准,并希望该标准有较好的通用性。

ALFUS 工作组从 2003 年开始,一直致力于开发一个通用的自主性等级框架。他们通过 3 个视角来衡量无人系统的自主性等级:任务难度(Mission Complexity)、环境复杂性(Environmental Difficulty)、交互水平(Human Interface)。用这 3 个轴来描述自主性等级,每一个轴各有一套衡量标准,如图 4-2 所示。

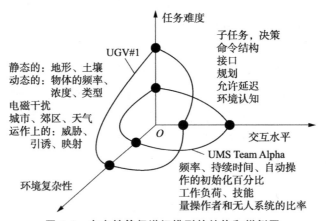

图 4-2 自主性等级详细模型的结构和样例图

在对无人系统进行定级的时候,首先要进行任务逐级分解,根据详细模型中对 3 种视角等级的详细描述为其分配权值。概要模型是在详细模型的基础上进行总结和概括,将其自主性等级线性化为 0～10 或者 1～10 的一个范围,评估结果是概念上的自主性等级,一般只作为参考。

参考无人飞行器自主性的等级划分，定义水上无人艇 6 级自主性等级（见表 4-1）。

表 4-1 水上无人艇自主性等级

主要特征	详细描述
完全自主	系统不需要人员干预，就能完成所有规划的环境条件范围内任何有计划的任务
混合启动	人员和系统都能根据感知的数据启动行为。针对人员明确或含蓄的行为，系统可以调整它的行为。人员能以同样的方式理解系统的行为，提供的许多方法能调整系统关于人员操作的职权
人员监督	一旦由人员给定最高级许可或指示，系统能完成广泛的活动。系统提供足够的洞察内部操作和行为等能力，这些操作和行为可以由人员监督并做适当改变。在当前被控制的任务范围内，系统不能自行启动
人员委派	按照人员委派的指示，系统可以完成有限的控制活动。这个水平包括自动航行控制、发动机控制和其他低级的自动操作，它们由人员决定活动或不活动，共同点是排除了人员的操作
人员辅助	针对人员输入，系统可以和人员并行完成活动。因此，增加了人员完成期望活动的能力。但没有人员附加的输入，系统就不能活动
人员操作	系统内所有活动都是人员启动控制输入的直接结果。系统并不自主控制它的环境，仅能够对响应的感知数据进行报告

通过上述自主等级衡量策略，可以对研制的智能设备的自主能力进行衡量，进而得到该设备自主能力的评价标准，这对于可变自主的研究有重要的启示作用。自主等级的划分方法和依据，可以供自主能力的动态评估参考，作为动态调整自主性的依据。

三、无人系统可变自主性

可变自主源于英文 adjustable autonomy, adaptive autonomy, sliding autonomy，它的定义体现了可变自主的特征，即可调整、可适应、可滑动。可变自主意味着在一个系统中，智能体之间动态地改变自主性的分配，这里的智能体包括人和其他具有智能的实体。

具有可变自主性的系统在完成任务时，具有效率高、分布式完成、鲁棒性好、适应性强以及用户工作压力小的特点，能适应任务环境无限变化的情况。因此可变自主系统的研究具有重要的理论和实际应用价值。

可以看出，可变自主系统中自主性的变化不只是无人系统自主能力的变化，还体现用户自主性及与之对应的变化，即无人系统的自主性增加，用户的自主性就会降低，充分强调了人和无人系统之间的协作关系。可变自主系统在实现任务目标的过程中，能够在智能实体之间动态分配决策权责。可变自主机制就是能够管理和实现自主性的这些变化，实现可变自主性的概念模型如图 4-3 所示。

在无人系统中可变自主性可以通过如图 4-3 所示的概念模型来实现，该模型包括 3 部分构件：可变自主性信息（Adjustable Autonomy Information，AAI）模块，负责获取自主性推理时需要的系统状态信息和系统所处态势信息，其结果为无人系统对当前态势的建模;可变自主性推理(Adjustable Autonomy Reasoning,AAR)模块,负责根据上述模块获取的信息由人或者软件来进行自主性等级调整的推理,其结果为当前态势下无人系统的自主性等级;可变自主执行(Adjustable Autonomy Actuation,AAA)模块,负责根据推理的自主性等级结果实现授权的变化或者责任转移,即做出自主性的具体调整。

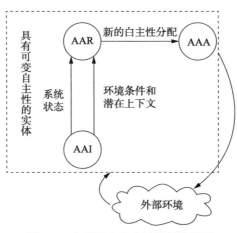

图4-3 实现可变自主性的概念模型

四、无人系统可变自主性研究方法

国外在2001年就较早、较全面地提出了可变自主的概念和关于可变自主理论研究的需求以及概念模型。2002年,出现了一个可变自主完善理论研究和应用的例子,被后续的所有可变自主的研究者参考和引用。至今该项研究已获得多项进展和应用,下面对可变自主研究方法进行分类和介绍。

(一)自主等级刻度盘的方法

刻度盘形象地说明了该方法的性质,那就是将自主性划分为不同的刻度(离散的若干个等级),操作者或者无人设备(Agent)对自主性的调节就像旋转刻度盘一样。每个刻度对应一个自主等级,从全自主到全手动控制,其间包括自主和手动混合控制系统的自主等级。不同的自主等级对应不同的规划算法。因此,该方法对于可变自主的研究主要分为两个步骤:

(1)在设计系统时,定义系统自主能力应有几个等级需要根据系统要完成的任务和能力来确定。划分等级的数量往往是不同的,可以对整个系统的能力进行划分,也可以针对不同的任务划分不同的等级。

(2)对应不同的等级,设计不同的算法实现任务规划。执行任务时,根据环境变化来判断影响能力的因素是否发生变化,然后根据变化计算对应的自主等级,调用对应的规划算法。或者用户主动干预自主等级，然后根据被设定的自主性等级进行任务规划，每个自主等级需要进行严格的试验。

这种可变自主实现方法是最简单的，但是自主等级是离散的，不能灵活地反映自主等级的调整。对于简单的系统可以采用，而对于活动复杂的系统则会表现出严重的局限性。

(二) 分层的方法

这种方法将负责 Agent 的规划能力和执行能力分到不同层次上。上层相当于管理者，负责规划该层的每个 Agent 负责一个子任务；底层相当于工程师，负责执行完成管理者的目标。可变自主实现的机制就是通过对上层 Agent 的管理，包括增加、删除和挂起来调节自主能力。增加负责规划的 Agent，增加对应的自主能力，删除负责规划的 Agent，降低对应的自主能力，挂起负责某些规划的 Agent，用户可以对规划结果进行审查，通过审查再激活。底层的 Agent 如果被挂起，就屏蔽了执行能力，变成了全遥控的控制过程。

这种可变自主实现方法中，自主性的调节需要用户控制，即用户对 Agent 的状态进行管理。

(三) 基于原则的方法

基于原则的方法，是用户建立一套系统必须遵循的原则，该原则是基于系统可能遇到的意外或为了适应一些变化时，需要系统遵循的处理意外或变化的方式。在原则中规定了无人设备在什么样的条件下需要获得用户的许可才能执行一些活动，在什么条件下，只能等待用户的决策才可执行任务等。用户能够通过原则，建立无人系统采取策略的偏好。

在原则中，将能够执行的活动分为几个集合：可能的活动、许可的活动、能够实现的活动、强制的活动、能独立实现的活动。活动有交集，对于自主性的调整就是通过原则中对上述活动集合的调整而实现的。

(四) 决策权转移的方法

基于决策权转移的方法，其实现自主性调节的方式是通过决策权转移体现的。如果转移给无人系统自身，即为全自主；如果全部转移给用户，即为遥控；如果部分转移决策权，即为半自主。该方法主要研究两个问题：①对决策问题建立数学模型；②根据模型计算不同的智能实体，给出决策的质量。

一般来说，决策权可以采用多种转移方案形成决策树，计算每个分支期望的效用值，然后选择效用最佳的策略予以实施。期望的效用值 U_y^v 为获得决策的概率与该决策质量的乘积。

在此基础上，可以研究不同数学建模方法，更好地描述不同领域的需求。此种方式下的自主等级调整主要是由系统决定的，而不是用户干预的。

(五)面向多任务的方法

面向多任务的可变自主方法,是以用户工作负荷为核心,其自主等级的变化随着用户对该任务的关注程度而变化,因此称为面向任务的、以用户为中心的可变自主。

这样的系统中往往有多个智能设备,即多个无人设备。其基本原理如下:

(1)对用户当前的状态建立模型,描述用户的工作负荷和当前偏好。

(2)判断任务的紧急程度。

(3)判断用户的独立性。

(4)形成对多个无人设备(Agent)多个任务的自主等级评估结果,并予以实施。

由以下可见自主等级随着任务紧急程度和依赖性而变化。另外当用户关注某个任务时,负责该任务的Agent的自主等级会降低,反之,如果用户将注意力转移到其他任务,原来被关注的任务自主等级就会升高。也就是说,用户可以改变该任务的自主等级。

以上介绍了目前研究比较多的5种可变自主的研究方法,并从五方面对上述各种方法进行了对比见表4-2。

表4-2 可变自主研究方法的对比

可变自主研究方法	评估结果	裁决者	基础理论	适用情况	缺陷
自主等级刻度盘的方法	划分自主等级,结果为离散的标量	Agent	不同的自主等级,对应不同的规划方法	系统任务简单,面对情况不是非常多	不充分灵活
分层的方法	不分等级,自主性的变化在于规划算法的状态	用户	增加、减少、挂起负责规划的Agent,多种规划算法	系统多任务,	操作者工作压力没有得到减轻
基于原则的方法	不分等级,自主性的变化在于原则中的规定	Agent,用户	利用原则限定自主性的变化	系统的实时性要求不是很高	只对极端意外情况予以自主性改变,没有考虑协作优化
决策权转移方法	不分等级,自主性评估结果为连续值	Agent	效用函数,信息价值	不确定性高	控制权转移方式较少(全部转移、部分转移)
面向多任务方法	分等级,一般分3~4个等级	用户	以用户的关注为自主等级转移的依据	多个被管理的任务和多个智能实体	智能实体较被动

五、水上无人艇可变自主系统体系结构

(一)基于混合主动交互推理的水上无人艇可变自主体系结构

混合主动交互推理模块负责对水上无人艇(USV)的自主能力进行评估,决定是否需要调整自主等级,并将评估的结果传递给规划和执行系统和控制规划模块。

混合主动交互是指一种灵活的交互策略。在该交互策略下,每个Agent能够为要完成的任务尽自己最大的努力。而且,在多数情况下,Agents的角色不是提前决定的,而是当有问题需要解决时由Agents彼此之间进行洽谈确定的。有时候可能一个Agent进行主动控制交互,而其他Agent起辅助作用,只需按照要求进行交互,还有时候可能恰恰相反,它只需要独立工作,当其他Agent有需要时才给予帮助。Agents动态改变它们的交互类型,以求更好地解决当前的问题。

USV无人系统实现可变自主的系统需求如下:
(1)感知外部环境变化。
(2)通过现存的任务,识别用户计划、意图和进展。
(3)计算高层次的态势因素。
(4)根据计算的态势因素来决定自主程度。
(5)为自主过程更新控制指令。

从上述需求中可以看出,环境因素、用户因素和任务因素是决定自主等级的关键,要实现混合主动,用户的识别就不能缺少,还有就是要有自主等级的实施。

因此,在基于混合主动交互推理的USV可变自主系统中,可变自主模块应位于智能规划之前,如图4-4中灰色的部分所示。

由图4-4可以看出,可变自主部分在任务规划之前,需要根据环境信息、监控系统的反馈、用户布置的任务(经过识别和推理后正确的任务)、USV运动和状态信息来进行综合推理,并把推理后所得的自主等级实施于对任务规划的控制。

基于上述需求和定位,可以对USV系统可变自主性实现的体系结构进行详细设计,得到系统的数据流程图,如图4-5所示。图中的USV可变自主系统由两部分组成,以通信管理模块为边界,从用户接口到通信管理模块为第一部分,是控制平台部分需要实现的框架结构,从通信管理模块到USV为第二部分,是安装在USV上的智能决策部分。

(二)控制平台各主要模块说明

1. 用户建模模块

该模块主要输入为用户事件(用户的键盘和鼠标事件)和态势信息,对用户事件进行识别和判断,输出为识别的、正确的用户指令,并将其按照内容传递给态势信息管理或者任务管理模块，修改公共自主模型，流程如图 4-6 所示。

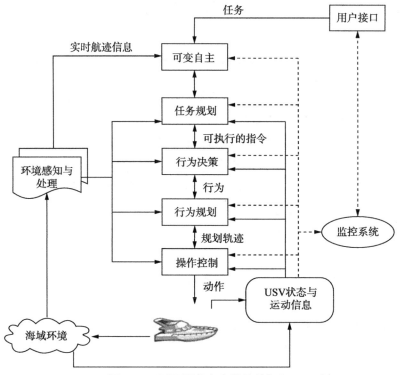

图 4-4　USV 可变自主模块的加入

图中用户通过图形用户接口对系统进行控制，控制指令通过鼠标和键盘事件传递进入系统。首先，需要判断用户事件的类型，应依据目前已知的态势信息和 USV 控制规则；其次，将本次用户的行为采用用户模型进行描述并做出判断；最后，将正确的用户指令分类后传递给对应的模块（任务管理模块或态势信息管理模块）。

2. 态势信息管理模块

该模块负责管理 USV 传回的态势信息，并且接受用户对态势信息的识别和查看。输入为来自通信日程的态势信息和用户对态势的识别结果，输出为态势信息和报警提示，显示在图形用户界面，流程如图 4-7 所示。

如果用户建模识别用户指令为正确的态势识别信息，那么就将其传入态势信息管理模块。态势识别信息分为两种：用户对态势信息查看的请求和用户对态势进行识别的结果。

3. 任务管理模块

该模块负责对用户与任务相关的指令做出响应。输入为经过用户建模识别，形式化后的任务相关指令，输出为经用户对任务的干预，写入通信日程和任务信息文档中，流程如图 4-8 所示。

第四章 水上无人艇的自主决策与规划

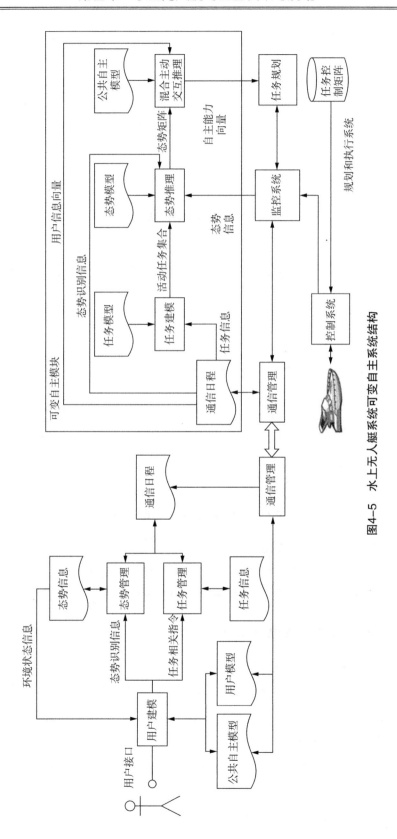

图4-5 水上无人艇系统可变自主系统结构

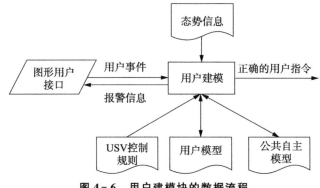

图 4-6 用户建模块的数据流程

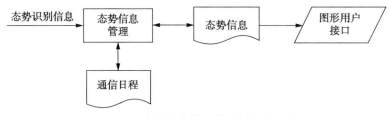

图 4-7 态势信息管理模块的数据流程

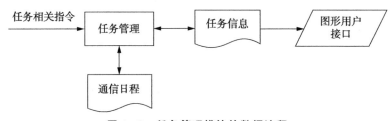

图 4-8 任务管理模块的数据流程

任务管理模块主要有以下作用：

(1)全局任务规划(高层任务规划)，并将规划结果保存到任务信息文件中。

(2)用户对任务的干预，包括任务规划结果的修改和对水上无人艇行为的控制。

(三)水上无人艇上主要模块说明

1. 可变自主模块在系统中的作用

水上无人艇(USV)可变自主的实现，需要在规划模块之前增加可变自主模块，负责进行 USV 自主能力评估，再利用评估结果控制 USV 的智能规划过程。经过以上的描述，知道 USV 有负责与控制平台通信的接口，管理来自控制平台的任何信息，同时又需要不断感知环境的变化和任务的进展，周期性地对 USV 的自主能力做出评估，根据评估结果对自主性做出调整，并且按照调整后的自主等级由操作者和 USV 协作完成任务的规划。

USV 可变自主系统控制流程如图 4-9 所示,重点描述了可变自主模块(Adjustable Autonomy Model,AAM)内部的数据流程。AAM 中包括的主要模块为任务建模、态势推理和混合主动交互推理,另外一个辅助但是不可或缺的部分是通信管理。

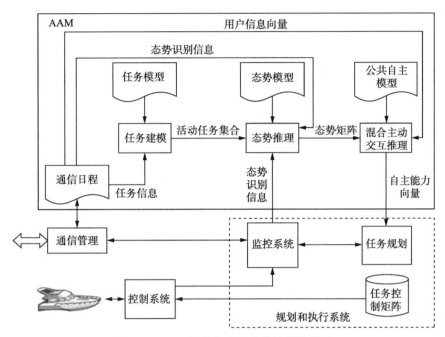

图 4-9 USV 可变自主系统的控制流程图

(1)通信管理模块。该模块负责 USV 与控制平台的通信,是实现混合主动交互的可变自主的关键辅助构件,因为通信管理模块(Communications Process Model,CPM)要根据自主等级的不同管理不同的通信内容。其输入为规划和执行系统反馈的系统监督信息和任务规划的结果,以及其他模块产生的待通信信息,由 CPM 负责将这些信息写入通信日程文件,准备传输。

(2)可变自主模块。模块 AAM 负责自主等级的评估和调整,将评估的结果写入可变自主向量,并将其传递给规划和执行系统。输入信息由用户信息向量、态势矩阵以及活动任务集合组成,根据混合主动交互模型进行推理产生当前任务的自主能力向量。

(3)规划和执行系统。该模块负责详细的任务规划和执行,需要按照自主能力向量对规划过程进行管理。输入为活动任务集、自主能力向量和控制系统反馈的控制情况,任务规划的结果用于任务控制和监督系统。规划和执行系统(Planning and Execution System,PES)的输出主要是对 USV 控制系统的控制指令。

(4)控制系统。USV 底层控制系统负责将经过解析和形式化后的规划结果予以实施。

2. 通信管理模块的功能描述

控制平台和 USV 两部分上的通信过程管理模块的功能和结构基本相似,都是负责创建和接收通信信息，并且维护通信信息与本地各个模型信息的一致性，即如果各模型描述的信息发生变化，需要将该变化添加到通信日程中，反之，如果接到了新的通信信息，则需要将通信信息发布到各模型描述的信息中。因此，消息的订阅与发布模式很适合解决该问题，如图 4-10 所示。

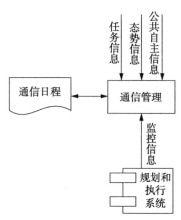

图 4-10　消息的订阅与发布模式

上述模型基于订阅与发布模式，但是根据通信的双向性，将其改为双向的信息发布。通信模型中包含用户信息、态势信息、任务信息、自主信息和监控信息，但不是每次通信都含有以上全部信息。

3. 任务建模的功能描述

(1) 用户模型的作用。用户模型是可变自主框架的关键组件之一，可变自主框架是由控制平台和 USV 两部分组成，因此从某种意义上来说，USV 与控制平台是相互协作来完成各任务的，而控制平台是用户干预 USV 决策过程的桥梁，体现用户对 USV 自主决策过程的监督、协助和干预。USV 的可变自主性主要体现在不同态势下其完成任务的自主能力的变化，即同样的任务在不同的态势下，USV 的自主决策能力是不同的。当遇到复杂态势 USV 无法处理时，USV 需要利用操作者的认知能力，去辅助完成任务。

用户模型作为可变自主框架中的一个重要组成部分，其作用主要是能够正确理解和评价用户的意图，帮助提供有意义的信息给用户，进而协作完成复杂的任务。另外，我们最终的目的是要提高 USV 的自主能力，尽可能地减少人工干预的次数，因此当 USV 自主运行时，操作者只是监控 USV 运行的状态。只有当 USV 无法完成某种任务或者完成此任务消耗的能量和时间远远大于预期时，USV 的可变自主模块才会降低 USV 的自主等级，进而向操作者求助，即当操作者拥有对 USV 的控制权的时候，用户模型才会启动。在启动的过程中，操作者为了完成某项任务，通过观察 USV 所面临的环境做出一系列的行为序列。为了更好地和用户协作，用户模型会通过操作者所做出的行为序列推断出用户的意

第四章 水上无人艇的自主决策与规划

图,一方面可以及时反馈给操作者有意义的关键态势要素,帮助操作者更好地做出决策;另一方面可以通过感知用户的意图,了解操作者当前的注意力和操作者所遗漏的威胁,进而向操作者发出警告,以提醒操作者尽快转移注意力去处理所存在的威胁。

(2)用户模型的设计难点。要对操作者进行完整建模是很困难的:①很多相关的用户情感操作信息(如语言和手势等)是很难被系统处理的;②需要完成的任务可能有很多种不同的方法,这也是难以对任务进行合理分析的原因;③从感知数据和存储数据集合中提取相关操作员的属性,这些属性包括认知工作量、当前任务、情绪状态和疲劳程度等,而这些属性在医学上又是很难定义和测量的。综上所述,根据用户的操作行为来推断用户的意图需要解决下述几个关键问题:

1)操作意图与操作行为之间的关系。操作者的行为序列和用户意图有可能是一种多对多的映射关系,同一种行为序列有可能会产生不同的用户意图。如何尽量准确地评测用户意图是一个关键问题。在这种情况下,利用概率知识进行意图推断是一个很好的方法。

2)操作行为与操作效果之间的关系。操作者针对某一状态下所做出的操作行为可以帮助 USV 完成某一个它自己无法自主完成的任务。然而由于环境的不确定性,当操作者的注意力全放在这个任务上时,也许会遗漏态势推理模块已经观测到的威胁。这在某种程度上使操作者的操作效果有可能大打折扣。在这种情况下,用户模型必须推断出用户的意图或者注意力,然后态势推理模块根据用户的意图在威胁来临之前通知操作者,避免意外事件的发生。

3)操作行为与操作者能力导致的误操作之间的关系。操作者在执行任务的过程中,在不同的环境下,本身的操作能力、分析能力和反应能力有可能会下降,而这又可能会产生某些误操作而导致重大失误。因此用户建模模块中评价用户操作组件将会对用户的行为进行判断,使之只有在合理的情况下才允许执行。

4)态势建模的功能描述。在可变自主系统中,USV 执行远程任务时可能面临复杂的环境和任务、信息的不完备和不确定性,尤其是新情况及突发事件出现的概率和频率都很高,因此可变自主模块中的态势推理应能及时且准确地预测危险态势,计算出态势的紧急程度,为自主等级评价子模块提供其确定系统自主等级所需的数据,使系统能够合理分配人-机任务,提高系统的自主性和效率,并且将操作者没有注意的紧急态势显示在用户接口界面上,并发出警报。

传统的态势评估多用于自主系统中,对战场态势和面临的威胁进行完整与适时的评估,通过识别敌军的行为模式来推断敌军意图,并对邻近时刻的态势变化给予预测,依据一定的知识和规则,以数值的形式指示出态势中的威胁及威胁大小。传统态势评估一般分为 3 部分:态势觉察、态势理解和态势预测。根据具有可变自主系统的水面高速无人平台执行远程规避这一任务的情况,把水上无人艇可变自主框架中的态势推理分为事件检测、威胁评估和冲突预测 3 部分。

USV 态势推理过程实际上是求解当前外部环境的威胁源对当前任务的影响程度。由于外部威胁源会对 USV 的航行能力、生存能力、通信能力和感知能力等产生影响，从而与 USV 完成任务的能力产生冲突，USV 的态势推理最终求解的是这种冲突的紧急程度。如果冲突严重影响 USV 自主完成任务，那么紧急程度就高，系统就会将当前的态势以态势矩阵的方式传递给可变自主模块，由可变自主模块重新进行人-机任务的分配，提高系统的效率，并且提醒被操作者忽略的紧急态势。在水面高速无人艇执行任务时的复杂环境下，态势推理的对象是环境中随时间推移而不断运动并变化着的实体，实体包括 USV 本身及外部环境中的各种危险，例如船只、岛屿、礁石和危险区等。USV 的态势推理事件检测首先是对这一动态变化的实体进行感知并提取出对于态势有关的事件。然后根据所提取的事件触发威胁评估，计算各威胁源对 USV 的航行能力、生存能力、通信能力和感知能力的威胁程度。最后结合 USV 要执行的任务，对当前态势下影响 USV 完成任务的冲突进行检测，计算出冲突的紧急程度。

5）混合主动交互推理的功能描述。混合主动交互推理模块负责对 USV 的自主能力进行评估，决定是否需要调整自主等级，并将评估的结果传递给规划和执行系统（PES）以及控制规划模块。

混合主动推理模块的输入为来自态势推理模块的态势矩阵、用户信息向量以及当前活动任务集合，经过自主等级确定后，输出活动任务集合对应的自主向量到 PES，控制任务规划的执行和实施。

混合主动推理模块，也称为协作控制子模块，该模块的主要功能是根据态势推理结果的态势矩阵，针对活动任务集合对 USV 能力的需求做出判断，形成混合自主矩阵，传递给 PES，控制任务规划决策权的变化。

基于上述思想，需要解决的关键问题就是考虑调整自主等级的条件：①由于威胁的出现，原任务规划不能正常实施；②即使现在的任务规划预测不影响当前规划，但是有新情况出现。

以上两种情况需要重新规划时，应评估 USV 的能力，调整自主等级。另外进行初始任务规划时也需要考虑，按能力进行子任务的分配，即为任务进行自主能力的配置。

只有当需要重新规划时，混合主动交互推理模块才被调用，来评估重新规划时的自主能力，控制流程如图 4-11 所示。

由图 4-11 可知混合主动交互推理模块的控制流程比较简单，但在实现过程中是算法的集中部分，因为这里的任务分配是提前完成的（提前量为远程范围），只能概要地将控制权分配。在 USV 进入可视范围后，可根据看到的实际态势进行自主性的微调。

第四章 水上无人艇的自主决策与规划

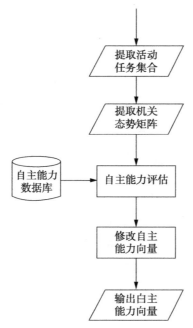

图 4-11 混合主动交互推理的详细控制流程图

第二节 水上无人艇的全局路径规划

本书采用电子海图建立环境模型，考虑风、浪、流等环境的影响以及距离、平滑度和能耗等约束条件，介绍栅格法和可视图法等路径搜索方法的应用。

全局路径规划按环境模型的表示方式可分为两种比较典型的方法，即构型空间法和自由空间法。构型空间法的基本思想是将水上无人艇简化为一点，同时根据其形状和尺寸将障碍物进行相应的膨胀处理，其中比较成熟的是可视图法。自由空间法的基本思想是采用预先定义的基本形状构造自由空间，并将自由空间表示为连通图，然后通过对图的搜索来规划路径。

水上无人艇的全局路径规划能力体现出水上无人艇的智能水平。海洋的探索和开发以及军事上的应用，对水上无人艇提出了更高的要求。作为一种自主式海洋运载器，自主能力的真正含义是具有与外部环境进行交互的能力。这种交互的一个重要方面就是具有全局路径规划以及突发事件下的全局重规划和躲避障碍的能力。能够在复杂的海洋环境下完成指定的使命，也是水上无人艇智能行为的重要体现。

一、建立环境模型

水上无人艇在航行过程中,可以通过雷达、摄像机等传感器获得与障碍物的相对位置信息,这些信息只能描述局部环境,无法描述全局环境信息。为此需要根据电子海图来获取全局环境信息。而水上无人艇无法利用电子海图进行路径规划,故需要将电子海图转成可以直接利用的环境模型。创建环境模型必须要解决环境模型的表示和存储等问题。

(一)不可航区域信息的获取

电子海图文件是 shapefile 文件格式,每个 shapefile 文件由 3 种文件组成。主文件(*.shp)包含几何图形,索引文件(*.shx)包含数据的索引,数据库文件(*.dbf)包含图形的属性。水上无人艇关心的不可航区域主要包括大陆、岛、半岛、暗礁、沉船以及其他障碍物等。由相应图层索引文件可读取对应面状目标在主文件中的存储位置(位移量和记录长度),根据这个索引值可以在主文件中读取该面状目标的具体数据,其中每个面状目标由一个或多个闭合子环组成。

(二)环境模型的表示和存储

环境建模方法一般分为栅格法、几何法和拓扑法 3 类。根据空间数据的几何特点又可分为图像栅格和图形数据。图像栅格是用像素来描述空间对象,不同的像素存储结构及空间单元对应不同的栅格结构,像素值表示空间对象的特征。图形数据是用点、线和面等地理元素描述空间对象,这些元素可以表示简单或复杂的对象以及空间对象的拓扑关系,因此它适合基于图像搜索的路径规划。因为基于 Dijkstra 算法的全局路径规划方法是一种基于图像搜索的路径规划算法,所以采用图形数据来表示环境模型。

环境模型的建立是通过网格化方法把电子海图划分为若干大小相等的网格,即把数字海图转化为网格环境地图,利用环境地图中各点的标记值存储路径规划所需要的环境信息,例如大陆、岛和碍航区等障碍物的地理坐标,以及对应位置的海洋环境信息等。

环境模型可以采用一个结构数组 Danger everypoint[] 来存储,其中 Danger 的数据结构如下:

```
struct Danger
{
doublepoint _ x;      //该网格的经度坐标
doublepoint _ y;      //该网格的纬度坐标
BOOL. FeasibleorNot;    //可航性判断标志
BOOLAvailableorNot;    //网格有效性判断标志
};
```

设置网格大小为 D_L n mile×D_L n mile，分别判断所有节点的可航性，即判断该网格是否在不可航区域内，可航区域 FeasibleorNot 值为 TRUE，不可航区域 FeasibleorNot 值为 FALSE。

(三) 动态网格模型的建立

采取网格长度递减策略动态地降低网格模型中的网格数。对前述的网格模型进行如下改进：先对整个航行区域进行"粗"分割，在"粗网格"状态下找寻到最短可航路径，得到"有效网格"（最短可航路径上的网格及其相邻网格），剔除"有效网格"外的所有网格，再细分剩余的"有效网格"，并在细分后的网格状态下继续寻找最短路径，如此循环进行若干次细分，直到网格边长达到航行要求的精度，最后得到最短可航路径的网格。

此方法是一边找寻最短路径，一边淘汰明显无效网格区域，是动态的方法。如此处理可以去除掉大量的无用网格，降低细分后的网格数量。整个过程是先找到比较宽的航线，然后逐渐细化，直到寻求到满足航行要求的航线。

二、算法的描述与实现

(一) Dijkstra 搜索算法的基本思想

Dijkstra 算法由 E. Dijkstra 首次提出，该算法是典型的单源最短路径算法，按长度递增的次序产生最短路径，以起始点为中心向外扩展，直到终点为止，适用于非负权值网络。其算法描述如下：

对于一个具有 m 个顶点、n 条边的有权值的有向图 $G(V, E)$，V 为 G 中所有顶点的集合，E 为所有边的集合，(u, v) 表示顶点 u 到顶点 v 有路径连接，边的权值由权值函数 $W: E \rightarrow [0, \infty]$ 确定，记为 $W(u, v)$。G 中有一个起点 s，工是 G 中任意一点，D 为 s 到 x 的一条路径，D 的权值记为 $W(D)$。Dijkstra 算法可以找到一条连接 s 和 x 权值最小的路径 D_0。

(1) 设置 2 个顶点的集合 S 和 T，其中 $T=V-S$，集合 S 中存放已知最短路径的顶点，集合 T 中存放当前还未找到最短路径的顶点，u_0 为初始顶点，则 $S=\{u_0\}$。

(2) 计算每个顶点 $t_i(t_i \in T)$ 对应的 $D(t_i)$，$D(t_i)$ 表示从 u_0 到 t_i 的不包含 T 中其他顶点的最短路径的长度。

(3) 根据 $D(t_i)$ 值寻找 T 中距离 u_0 最近的顶点 v，写出 u_0 到 v 的最短路径长度 $D(v)$。

(4) 设置 S 为 $S+\{v\}$，T 为 $T-\{v\}$，如果 $T=\varnothing$，则退出算法；否则转 (2) 继续进行。

Dijkstra 算法流程图如图 4-12 所示。

(二)Dijkstra 算法的优化

根据 Dijkstra 算法流程,集合 S 的大小直接影响着算法的速度,由于 Dijkstra 算法的贪心策略,无方向地寻找最短路径点,在计算一个起点到一个终点的最短路径时,执行了许多与最短路径无关的顶点的计算,尤其当环境模型中网格节点较多时,算法的效率急剧下降。水上无人艇局部路径规划功能的实现涉及大量的数据和计算,由于嵌入式计算机硬件计算能力相对受限(CPU 和内存等硬件资源限制),使得在设计局部路径规划方法时,必须充分考虑算法的复杂度,尽可能减少算法对内存资源的占用并提高时间效率。因此,有必要对传统 Dijkstra 算法进行优化。

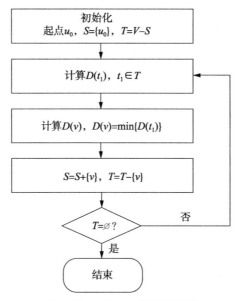

图 4-12　Dijkstra 算法流程图

当前,已有不少国内外学者提出了 Dijkstra 算法的改进和优化算法,分析对比以往的研究结果,主要在以下三方面对 Dijkstra 算法进行优化:

(1)基于搜索策略的优化,如直线加速搜索、限制区域搜索等。

(2)基于数据存储结构的优化,如对邻接链表、邻接矩阵的存储优化、滚动存储等。

(3)基于环境模型规模控制的优化,包括分层搜索思想、分块搜索思想等。综合以上优化算法的优缺点,根据嵌入式系统的硬件条件,为减少参与运算的节点、降低与最短路径无关的搜索,使用一种距离寻优的 Dijkstra 搜索算法,以解决航海雷达图像的局部路径规划问题。距离寻优是指在两个指定顶点之间寻找一条最短路径。

距离寻优 Dijkstra 算法实现过程如下:

任意两点 $u(x_u, y_u)$,$v(x_v, y_v)$ 间的直线距离记为

$$J(u, v)=\sqrt{(x_u-x_v)^2+(y_u-y_v)^2}$$

两个指定顶点 u_0 与 v_0 间最短距离为 $d(u_0, v_0)$,则两点间的直线距离为最短距离的下限为

$$J(u_0, v_0) = \sqrt{(x_{u_0} - x_{v_0})^2 + (y_{u_0} - y_{v_0})^2} \leqslant d(u_0, v_0)$$

假设已经求得 u_0 到任意一点 u_i 的距离为 $L(u_i)$,那么 u_0 经过 u_i 到达 v_0 的距离下限为

$$L(u_i) + J(u_i, v_0) = L(u_i) + \sqrt{(x_{u_i} - x_{v_0})^2 + (y_{u_i} - y_{v_0})^2}$$

在距离寻优 Dijkstra 算法中,优化的目标就是提高集合 S 的效率,最大限度地减少 S 中与最短距离路径无关的顶点的计算。优化方法如下:

(1) 计算顶点 v 的距离值 $L(v)(v \in T)$,即计算 v_0 与目标点 v_0 之间的直线距离 $J(v, v_0)$,并认为从 u_0 经过 v 而到 v_0 的距离下限为 $L(v) + J(v, v_0)$。

(2) T 中顶点加入集合 S 的规则为:在集合 T 中寻找一个点 u_{i+1},从 u_0 经过 u_{i+1} 而到 v_0 的距离下限为最小值,即满足

$$L(u_{i+1}) + J(u_{i+1}, v_0) = \min\{L(v) + J(v, v_0)\}, \quad v \in T$$

则将顶点 $u_{i+1}(u_{i+1} \in T)$ 加入集合 S。

图 4-13 所示为具体算法过程。

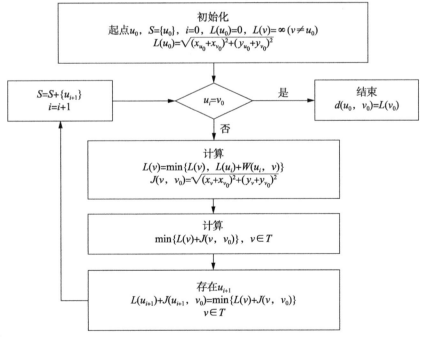

图 4-13 距离寻优 Dijkstra 算法流程图

由以上算法过程可以看出:在传统 Dijkstra 算法中,不断把距离 u_0 最近的顶点加入集合 S 而没有使 u_0 与 v_0 相关,距离寻优 Dijkstra 算法是以 u_0 到 v_0 的最短路径不断逼近的目标而选择顶点加入集合 S 的。因此,集合 S 中的顶点基本在 u_0 到 v_0 的最短路径的局

部范围内，而那些与最短路径相距较远的顶点几乎不会计算到。在这种情况下，距离寻优 Dijkstra 算法比传统 Dijkstra 算法的集合 S 小得多，进而提高了计算效率。

三、路径优化

如果把规划出来的路径点连接起来作为水上无人艇的航行路径，折线会过多。多余航点是指那些去除后不会影响航线有效性和安全性的航点。如果将规划结果直接作为水上无人艇的航行路径，多余航点造成的阶梯形和锯齿形线段不利于 USV 的运动控制，因此需要对规划路径进行优化处理，仅保留转向点，以适应 USV 的实际航行路线。

路径优化采用二分查找法逐次判定线段的安全性，对航点序列进行多余航点去除的过程如下：在规划出的路径中依次取出连续的航点 p_i，p_{i+1}，p_{i+2}，若 p_i 与 p_{i+2} 之间的连线不与障碍物发生碰撞，则去除 p_{i+1}，继续判断 p_i 与 p_{i+2} 之后的航点连线，若其连线不与障碍物发生碰撞，则删去 p_{i+2}，依此类推，直到 p_i 与后面的某航点的连接线与障碍物发生碰撞，则在该航点后重新取出连续的 3 个航点并作为 p_i，p_{i+1}，p_{i+2}，重复上述过程，直至取完全部航点。

第五章 水上无人艇的运动控制技术

第一节 经典控制技术

当今的闭环自动控制技术都是基于反馈的概念以减少不确定性。反馈理论的要素包括3个部分：测量、比较和执行。测量关键被控变量的实际值时，应与期望值相比较，用这个偏差来纠正系统的响应，执行调节控制。在工程实际中，应用最为广泛的调节器控制规律为比例（proportional）、积分（integral）、微分（differential）控制，简称 PID 控制，又称 PID 调节。PID 控制的优点是：最为传统的经典控制，采用线性控制，控制方式简单。考虑到运动的非线性和环境干扰时变性，以及难以得到精确运动模型等因素的制约，为提升控制的响应速度和鲁棒性，可将 PID 控制器结合模糊控制神经网络等方法进行适应性的改进。对于水上无人艇的基本控制，如姿态控制和航速控制等，可采用 PID 或改进 PID 控制方法进行，对于路径跟踪和轨迹跟踪问题，则可结合相应的制导律进行控制。

PID 是一个闭环控制算法。因此要实现 PID 算法，必须在硬件上具有闭环控制，即得有反馈。例如，控制水上无人艇螺旋桨的转速，就需要一个测量转速的传感器，并将结果反馈到控制环路里。

PID 是比例、积分、微分控制算法，但并不是必须同时具备这3种算法，也可以是 PD、PI，甚至是只有 P 算法控制。比例、积分、微分控制算法各有作用：比例反映系统的基本（当前）偏差 $e(t)$，比例大，可以加快调节，减小误差，但过大的比例使系统稳定性下降，甚至造成系统不稳定；积分反映系统的累计偏差，使系统消除稳态误差，提高无差度，因为有误差，故应进行积分调节，直至无误差为止；微分反映系统偏差信号的变化率 $e(t)-e(t-1)$，具有预见性，能预见偏差变化的趋势，产生超前的控制作用，在偏差还没有形成前已由微分调节作用消除之，因此可以改善系统的动态性能。但是微分对噪声干扰有放大作用，加强微分对系统抗干扰不利。积分和微分都不能单独起作用，必须与比例控制配合。

一、比例控制

有经验的驾驶员操纵水上无人艇按照预期的航向和航速前进，可以获得非常好的控制性能，PID 控制与人工控制在策略方面有很多相似的地方。下面介绍驾驶员怎样用比例控制的思想来手动控制水上无人艇的航向。假设用罗经测量航向，用数字仪表显示航向角。在控制过程中，驾驶员用眼睛读取航向角，并与预期航向角进行比较，得到航向角的误差值；然后用手操作方向舵，调节方向舵的角度，使航向角保持在预期值附近。

驾驶员知道航向角稳定在预期值时方向舵的大致角度(舵角L)，并根据当时的航向角误差值调整控制方向舵的转角。航向角小于预期值时，误差为正，在舵角L的基础上增大方向舵的转角，以增大水上无人艇的航向角。航向角大于给定值时，误差为负，在舵角L的基础上减小方向舵的转角，并令转角与舵角L的差值与误差成正比。上述控制策略就是比例控制，即PID控制器输出中的比例部分与误差成正比。

闭环中存在着各种各样的延迟作用。例如调节方向舵转角后，水上无人艇航向角上升到新的角度对应的稳态值时有较大的时间延迟。由于延迟因素的存在，调节方向舵转角后不能马上看到调节的效果，因此闭环控制系统调节困难的主要原因是系统中有延迟。

比例控制的比例系数如果太小，即调节后的方向舵转角与舵角L的差值太小，调节的力度不够，使系统输出量变化缓慢，调节所需的总时间过长。比例系数如果过大，即调节后方向舵转角与舵角L的差值过大，调节力度太强，将造成调节过头，甚至使航向角来回振荡。

增大比例系数使系统反应灵敏，调节速度加快，并且可以减小稳态误差。但是比例系数过大会使超调量增大，振荡次数增加，调节时间增加，动态性能变坏，甚至会使闭环系统不稳定。

单纯的比例控制很难保证调节得恰到好处，完全消除误差。

二、积分控制

每次PID运算时，在原积分值的基础上，增加一个与当前误差值$e(n)$成正比的微小部分。误差为负值时，积分的增量为负。

手动调节航向时，积分控制相当于根据当前误差值，周期性地微调方向舵的角度，每次调节的角度增量值与当前误差值成正比。

航向角小于预期值时误差为正，积分项增大，使转舵角度逐渐增大，反之积分项减小。因此只要误差不为零，控制器的输出就会因为积分控制的作用而不断变化。积分调节的"大方向"是正确的，积分项有减小误差的作用。一直要到系统处于稳定状态，误差恒为零，比例部分和微分部分均为零，积分部分才不再变化，并且刚好等于稳态时需要的控制器的输出值，对应于上述航向控制系统中方向舵转角的位置L。因此积分部分的作用是消除稳态误差，提高控制精度，积分作用一般是必需的。

PID控制器输出中的积分部分与误差的积分成正比。因为积分时间T_i在积分项的分母中，所以T_i越小，积分项变化的速度越快，积分作用越强。

三、PI 控制

控制器输出中的积分项与当前的误差值和过去历次误差值的累加值成正比，因此积分控制本身具有严重的滞后特性，对系统的稳定性不利。如果积分项的系数设置得不好，其负面作用很难通过积分控制迅速修正。而比例项没有延迟，只要误差一出现，比例部分就会立即起作用。因此积分控制很少单独使用，它一般与比例和微分联合使用，组成 PI 或 PID 控制器。

PI 和 PID 控制器既克服了比例调节有稳态误差的缺点，又避免了积分调节响应慢、动态性能不好的缺点，因此得到广泛使用。

如果控制器有积分作用（例如采用 PI 或 PID 控制），积分能消除阶跃输入的稳态误差，这时可以将比例系数调得小一些。

如果积分作用太强，即积分时间太短，相当于每次微调方向舵的角度值过大，那么其累积的作用会使系统输出的动态性能变差，超调量增大，甚至使系统不稳定，积分作用太弱，即积分时间太长，则消除稳态误差的速度太慢，故积分时间应取得适中。

四、微分控制

误差的微分就是误差的变化速率，误差变化越快，其微分绝对值越大。误差增大时，其微分为正；误差减小时，其微分为负。控制器输出量的微分部分与误差的微分成正比，反映了被控量变化的趋势。

有经验的驾驶员，当航向角变化过快但尚未达到预期值时，根据航向变化的趋势，会预感到航向角将超过预期值，于是调节方向舵的转角，提前减小转舵速度。这与士兵射击远方的移动目标时，考虑到子弹运动的时间，需要一定的提前量一样。

闭环控制系统产生振荡甚至不稳定的根本原因在于有较大的滞后因素。因为微分项能预测误差变化的趋势，这种"超前"的作用可以抵消滞后因素的影响。适当的微分控制作用可以使超调量减小，增加系统的稳定性。

对于有较大滞后特性的被控对象，如果 PI 控制的效果不理想，可以考虑增加微分控制，以改善系统在调节过程中的动态特性。如果将微分时间设置为 0，微分部分将不起作用。

微分时间与微分控制作用的强弱成正比，微分时间越长，微分控制作用越强。如果微分时间太长，当误差快速变化时，响应曲线上可能会出现"毛刺"。

微分控制的缺点是对干扰噪声敏感，使系统抑制干扰的能力降低。为此可在微分部分增加惯性滤波环节。

五、PID参数的调整方法

在整定 PID 控制器参数时，可以根据控制器的参数与系统动态性能和稳态性能之间的定性关系，用试验的方法来调节控制器的参数。有经验的调试人员一般可以较快地得到较为满意的调试结果。在调试中最重要的问题是在系统性能不能令人满意时能知道调节哪一个参数，该参数是增大还是减小。

为了减少需要整定的参数，首先可以采用 PI 控制器。为了保证系统的安全，在调试开始前应设置比较保守的参数，例如比例系数不要太大，积分时间不要太短，以避免出现系统不稳定或超调量过大的异常情况。给出一个阶跃信号，根据被控量的输出波形可以获得系统性能的信息，例如超调量和调节时间。应根据 PID 参数与系统性能的关系，反复调节 PID 的参数。

如果阶跃响应的超调量太大，经过多次振荡才能稳定或者根本不稳定，则应减小比例系数、增大积分时间。如果阶跃响应没有超调量，但是被控量上升过于缓慢，过渡过程时间太长，则应按相反的方向调整参数。如果消除误差的速度较慢，则可以适当减小积分时间，增强积分作用。

反复调节比例系数和积分时间，如果超调量仍然较大，则可以加入微分控制，微分时间从 0 逐渐增大，反复调节控制器的比例、积分和微分部分的参数。

总之，PID 参数的调试是一个综合的、各参数互相影响的过程，实际调试过程中多次尝试是非常重要的，也是必需的。

第二节 智能控制技术

一、模糊控制

(一)模糊集合及其运算

1. 模糊集合的概念

给定论域 U，U 到 $[0, 1]$ 闭区间的任一映射 μ_A 为

$$\mu_A \begin{cases} U \to [0, 1] \\ u \to \mu_A(u) \end{cases}$$

确定 U 的一个模糊集 A，映射 $\mu_A(u)$ 称为模糊集 A 的隶属度函数。$\mu_A(u)$ 的取值范围为闭区间 $[0, 1]$，其大小反映了 μ 对于模糊集 A 的隶属程度。隶属度 $\mu_A \sim (u)$ 的值越

大，表示 μ 属于 $\underset{\sim}{A}$ 的程度越高，可用序对方式表示为

$$A=\{(\mu,\mu_A(u)\mid u\in U\}$$

还可用积分形式表示为

$$A=\begin{cases}\int_U\dfrac{\mu_A(u)}{u}, & U\text{ 连续}\\ \sum_{i=1}^n\dfrac{\mu_A(u_i)}{u_i}, & U\text{ 离散}\end{cases}$$

2. 模糊集合的基本运算

设任意元素 $u\in U$，则 u 对 $\underset{\sim}{A}$ 与 $\underset{\sim}{B}$ 的交集、并集和 $\underset{\sim}{A}$ 的补集的隶属度函数分别定义如下：

交运集(AND 运算)：$\mu_{\underset{\sim}{A}\cap\underset{\sim}{B}}(u)=\min\{\mu_{\underset{\sim}{A}}(u),\mu_{\underset{\sim}{B}}(u)\}$。

并运算(OR 运算)：$\mu_{\underset{\sim}{A}\cap\underset{\sim}{B}}(u)=\max\{\mu_{\underset{\sim}{A}}(u),\mu_{\underset{\sim}{B}}(u)\}$。

补运算(NOT 运算)：$\mu_{\underset{\sim}{A}}=1-\mu_{\underset{\sim}{A}}(u)$。

模糊集合运算的基本性质如下：

幂等律：$\underset{\sim}{A}\cup\underset{\sim}{A}=\underset{\sim}{A}$，$\underset{\sim}{A}\cap\underset{\sim}{A}=\underset{\sim}{A}$。

交换律：$\underset{\sim}{A}\cap\underset{\sim}{B}=\underset{\sim}{B}\cap\underset{\sim}{A}$，$\underset{\sim}{A}\cup\underset{\sim}{B}=\underset{\sim}{B}\cup\underset{\sim}{A}$。

结合律：$(\underset{\sim}{A}\cup\underset{\sim}{B})\cup\underset{\sim}{C}=\underset{\sim}{A}\cup(\underset{\sim}{B}\cup\underset{\sim}{C})$，$(\underset{\sim}{A}\cap\underset{\sim}{B})\cap\underset{\sim}{C}=\underset{\sim}{A}\cap(\underset{\sim}{B}\cap\underset{\sim}{C})$。

分配率：$\underset{\sim}{A}\cap(\underset{\sim}{B}\cup\underset{\sim}{C})=(\underset{\sim}{A}\cap\underset{\sim}{B})\cup(\underset{\sim}{A}\cap\underset{\sim}{C})$，$\underset{\sim}{A}\cup(\underset{\sim}{B}\cap\underset{\sim}{C})=(\underset{\sim}{A}\cup\underset{\sim}{B})\cap(\underset{\sim}{A}\cup\underset{\sim}{C})$。

吸收率：$\underset{\sim}{A}\cap(\underset{\sim}{A}\cup\underset{\sim}{B})=\underset{\sim}{A}$，$\underset{\sim}{A}\cup(\underset{\sim}{A}\cap\underset{\sim}{B})=\underset{\sim}{A}$。

两极律：$\underset{\sim}{A}\cap X=\underset{\sim}{A}$，$\underset{\sim}{A}\cup X=\underset{\sim}{A}$，$\underset{\sim}{A}\cap\varnothing=\varnothing\cup\varnothing=\underset{\sim}{A}$，即 $\underset{\sim}{A}\cup\overline{\underset{\sim}{A}}\ne U$，$\underset{\sim}{A}\cap\overline{\underset{\sim}{A}}\ne\varnothing$。

(二) 模糊关系与模糊逻辑推理

1. 模糊关系

模糊关系是模糊集合，所以它可以用表示模糊集合的方法来表示。当 $X=\{x_1,x_2,\cdots,x_n\}$ 和 $Y=\{y_1,y_2,\cdots,y_m\}$ 是有限集合时，定义在 $X\times Y$ 上的模糊关系 $\boldsymbol{R}$ 可用 $n\times m$ 阶矩阵表示为

$$\boldsymbol{R}=\begin{bmatrix}\mu_{\boldsymbol{R}}(x_1,y_1) & \mu_{\boldsymbol{R}}(x_1,y_2) & \cdots & \mu_{\boldsymbol{R}}(x_1,y_m)\\ \mu_{\boldsymbol{R}}(x_2,y_1) & \mu_{\boldsymbol{R}}(x_2,y_2) & \cdots & \mu_{\boldsymbol{R}}(x_2,y_m)\\ \vdots & \vdots & & \vdots\\ \mu_{\boldsymbol{R}}(x_n,y_1) & \mu_{\boldsymbol{R}}(x_n,y_2) & \cdots & \mu_{\boldsymbol{R}}(x_n,y_m)\end{bmatrix}$$

2. 模糊关系的合成运算

模糊关系的交、并、补运算规则如下：

交运算：$\boldsymbol{R}\cap\boldsymbol{S}\leftrightarrow\mu_{\boldsymbol{R}\cap\boldsymbol{S}}(x,y)=\mu_{\boldsymbol{R}}(x,y)\wedge\mu_{\boldsymbol{S}}(x,y)$

并运算：$\boldsymbol{R}\cup\boldsymbol{S}\leftrightarrow\mu_{\boldsymbol{R}\cup\boldsymbol{S}}(x,y)=\mu_{\boldsymbol{R}}(x,y)\vee\mu_{\boldsymbol{S}}(x,y)$

补运算：$\overline{\boldsymbol{R}}\leftrightarrow\mu_{\overline{\boldsymbol{R}}}(x,y)=1-\mu_{\boldsymbol{R}}(x,y)$

式中，"$\wedge$"是交运算的符号，表示取极小值；"$\vee$"是并的符号，表示取极大值。

设 X、Y、Z 是论域，R 是 X 到 Y 的一个模糊关系，S 是 Y 到 Z 的一个模糊关系，R 到 S 的合成 T 也是一个模糊关系，记为 $T = \boldsymbol{R} \circ \boldsymbol{S}$，其隶属度为

$$\mu_{\boldsymbol{R} \circ \boldsymbol{S}}(x, z) = \bigvee_{y \in Y} [\mu_R(x, y) * \mu_S(y, z)]$$

式中，"$*$"是二项积算子，可以有交、代数积等多种定义方式。但最为常用的是采取交运算，这时合成运算被称为"最大-最小合成"(Max-min Composition)：

$$\boldsymbol{R} \circ \boldsymbol{S} \leftrightarrow \mu_{\boldsymbol{R} \circ \boldsymbol{S}}(x, z) = \bigvee_{y \in Y} [\mu_R(x, y) \wedge \mu_S(y, z)]$$

3. 模糊逻辑推理

模糊逻辑推理是模糊关系合成的运用之一。例如对于模糊关系为 R 的控制器，当其输入为 A 时，根据推理合成规则，即可求得控制器的输出 B。

一般情况下的模糊逻辑推理有 n 个前提：

$$\boldsymbol{R}_i = (A_i \rightarrow B_i), \quad i = 1, 2, \cdots, n$$

在或(or)的连接下，有

$$\boldsymbol{R}^* = \boldsymbol{R}_1 \cup \boldsymbol{R}_2 \cup \cdots \cup \boldsymbol{R}_n$$

对前提 A^* 的推理结果 B^* 可求得：

$$B^* = \boldsymbol{R}^* \circ A^*$$

(三)模糊控制

1. 模糊控制的基本思想

如图 5-1 所示，模糊控制和传统控制的系统结构是完全一致的。虚线内部表明了模糊控制是基于模糊化、模糊推理、解模糊等运算过程的。最常见的模糊控制系统有 Mamdani 型模糊逻辑系统和高木-关野(Takagi-Sugeno)型模糊逻辑系统。

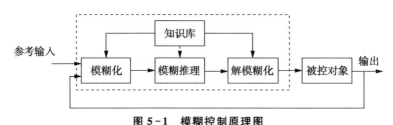

图 5-1 模糊控制原理图

现以图 5-2 所示的一级倒立摆控制来简单说明模糊控制器设计的一般方法。

(1)模糊化。以摆杆的倾角和速度作为输入变量。可以将倾角描述成：向左倾角大、中、小，垂直，向右倾角小、中、大。速度描述成：倒得非常快、快、慢、静止、升得慢、快、非常快。慢、静止、升得慢、快、非常快。它们都可以用模糊语言变量 NB(负大)、NM(负中)、NS(负小)、ZE(零)、PS(正小)、PM(正中)、PB(正大)来表示。控制车运动的输出也可以类似地定义。然后，根据隶属函数确定每个模糊子集的隶属度。这个过程是确定成员变量模糊化的过程。

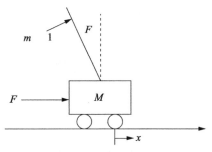

图 5-2 一级倒立摆示意图

(2)模糊推理。模糊控制器通过建立一系列的模糊规则来描述各种输入所产生的作用。例如可以建立如下一些规则:

如果摆杆向左倾斜大并倒得非常快,那么小车快速向左运动;

如果摆杆向左倾斜大并倒得较快,那么小车中速向左运动;

如果摆杆向左倾斜小并倒得慢,那么小车慢速向左运动。

(3)解模糊。模糊输出量被反解成能够用于对物理装置进行控制的精确量的这个过程称为解模糊。

2. T-S 模型模糊逻辑系统

设输入分量 $\boldsymbol{X}$ 为

$$\boldsymbol{X}=[x_1,\ x_2,\ \cdots,\ x_n]^T$$

每个分量 $x_i(i=1,\ 2,\ \cdots,\ n)$ 均为模糊语言变量,其语言变量值为

$$T(x_i)=\{A_i^1,\ A_i^2,\ \cdots,\ A_i^{m_i}\},\ i=1,\ 2,\ \cdots,\ n$$

式中,$A_i^j(j=1,\ 2,\ \cdots,\ m_i)$ 是变量 x_i 的第 j 个语言变量值,它是定义在论域 U_x 上的模糊集合,相应的隶属度函数为 $\mu_{A_i^j}(x_i)=(i=1,\ 2,\ \cdots,\ n;\ j=1,\ 2,\ \cdots,\ m_i)$。

T-S 模型中描述输入/输出关系的模糊规则为

$$R_i: \text{if } x_1 \text{ is } A_1^j,\ x_2 \text{ is } A_2^j,\ \cdots,\ x_n \text{ is } A_n^j,\ \text{then } u^i=p_0^i+p_1^i x_1+\cdots+p_n^i x_n$$

式中,$i=1,\ 2,\ \cdots,\ m$;n 表示模糊规则的总数,且 $m\leqslant m_1 m_2\cdots m_n$。该规则的输出 u^i 是输入变量 x_i 的线性组合。

可以求得对于每条规则的强度为

$$w_1=\mu_{A_1^i}(x_1)\wedge \mu_{A_2^i}(x_2)\wedge \cdots \wedge \mu_{A_n^i}(x_n)$$

模糊系统的输出量为每条规则输出量的加权平均,即

$$u=\frac{\sum_{j=1}^{m}w_j u^j}{\sum_{j=1}^{m}w_j}=\sum_{j=1}^{m}u^j \bar{w}_j$$

其中,

$$\bar{w}_j = \frac{w_j}{\sum_{j=1}^{m} w_j}$$

这里的 m 是模糊规则的数量，u^j 为第 j 条规则的输出，w_j 是对一行输入向量的第 j 条规则的适应度，则有

$$w_j = \mu_{A_1^j}(x_1)\mu_{A_2^j}(x_2)\cdots\mu_{A_n^j}(x_n)$$

3. 模糊控制的特点

模糊控制是建立在人工经验基础上的。模糊控制具有如下显著特点：

(1)无需知道被控对象的精确数学模型。

(2)易被人们接受。模糊控制的核心是模糊推理，它是人类通常智能活动的体现。

(四)模糊控制器

1. 模糊控制器的基本结构

模糊控制器的基本结构如图 5-3 所示，它主要由模糊化、知识库、模糊推理、反模糊 4 部分组成。

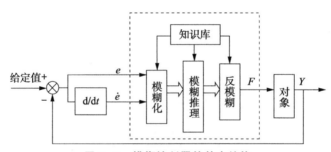

图 5-3 模糊控制器的基本结构

2. 模糊控制器的设计步骤

(1)控制量的选择。由于模糊控制器的控制规则是根据操作人员的控制经验提出的，模糊控制器的作用就是模仿人工控制。而人工控制某一过程中，一般操作人员只能观察到被控对象的输出状态和它的变化率，凭借经验，就可以对生产过程进行控制。

因此在常规模糊控制器中总是选取被控对象的输出变量的偏差值 e 以及偏差变化率 $\dot{e}$，而把被控制量定为模糊控制器的输出变量。对于水上无人艇基础运动控制系统而言，由于它在执行任务时均处于相对较低的航速状态，各种运动状态之间的耦合不明显，为了便于控制器的设计，可以简化地认为不发生运动状态之间的耦合，各种运动状态是完全独立的。因此，可以分别设计纵向运动控制器、横向运动控制器、首向运动控制器和垂向运动控制器。对于每个控制器而言，把水上无人艇在该控制器方向上与目标点的偏差 e_t 和偏差变化率 $\dot{e}_t$（分速度）作为控制器的两个输入变量，而把推进器需要发出的力作为控制器的输出变量 F。

(2)模糊化。模糊化接口接收偏差为 e_t,偏差变化率为 $\dot{e}_t$,模糊化接口主要有以下两项功能:

1)论域变换。e_t 和 $\dot{e}_t$ 都是非模糊的普通变量,其论域是在实数域上的一个连续闭区间,为了转换到模糊控制器的内部论域 $[-1, 1]$ 上,对输入变量实行正则化。以纵向运动控制为例,根据水上无人艇的作业特性和能力,首先设 $x_m = 5$ m,$v_m = 0.6$ m/s,将 e_t 和 $\dot{e}_t$ 的实际值分别除以 x_m 和 v_m,并加以 ± 1 限幅后,得到正则化的输入变量 e_t^* 和 $\dot{e}_t^*$ 为

$$e_t^* = e_t / x_m$$
$$\dot{e}_t^* = \dot{e}_t / v_m$$

式中,e_t^*,$\dot{e}_t^* \in [-1, 1]$。同理可以得到输出变量的论域变换值 F^*。

2)定义模糊集合及其隶属函数。论域变换后 e_t^*、$\dot{e}_t^*$ 和 F^* 仍是非模糊的普通变量,对它们分别定义若干个模糊集合,并在其内部论域上规定各个模糊集合的隶属函数,求出 e_t^*、$\dot{e}_t^*$ 对各模糊集合的隶属度,这样就把普通变量的值变成了模糊变量的值。

对正则化的输入和输出变量 e_t^*、$\dot{e}_t^*$ 和 F^* 各定义 9 个模糊集合:NL,NM,NS,NZ,Z,PZ,PS,PM,PL。变量的模糊集合的隶属函数可选 Sigmoid 函数、高斯函数或选如图 5-4 所示的对称、均匀分布、全交迭的三角型隶属函数。

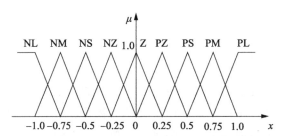

图 5-4 对称、均匀分布、全交迭的三角型隶属函数

图 5-5 所示的函数是最常采用的隶属函数,"对称"是指图形关于 μ 轴对称,"均匀分布"是指每个三角形的中心点在论域上均匀分布,"全交迭"是指每个三角形的底边的两端点恰好是相邻两个三角形底边的中心。

(3)设计模糊规则。由于 e_t^*,$\dot{e}_t^*$ 各有 9 个模糊集合,所以有 $9 \times 9 = 81$ 条规则,见表 5-1。

表 5-1 模糊控制规则表

z		e_t^*								
		NL	NM	NS	NZ	Z	PZ	PS	PM	PL
$\dot{e}_t^*$	NL	1.0	1.0	1.0	1.0	0.8	0.6	0.3	0.0	0.0
	NM	1.0	1.0	1.0	1.0	0.7	0.4	0.1	0.0	−0.1
	NS	1.0	1.0	1.0	0.7	0.5	0.2	0.0	−0.2	−0.4
	NZ	1.0	1.0	0.7	0.5	0.2	0.0	−0.2	−0.4	−0.6

续表

z		e_i^*								
		NL	NM	NS	NZ	Z	PZ	PS	PM	PL
$\dot{e}_i^*$	Z	1.0	0.7	0.4	0.2	0.0	−0.2	−0.4	−0.7	−0.8
	PZ	0.6	0.4	0.2	0.0	−0.1	−0.4	−0.6	−0.8	−1.0
	PS	0.3	0.1	0.0	−0.2	−0.4	−0.6	−0.8	−1.0	−1.0
	PM	0.0	0.0	−0.2	−0.4	−0.7	−0.8	−1.0	−1.0	−1.0
	PL	0.0	−0.1	−0.4	−0.6	−0.8	−1.0	−1.0	−1.0	−1.0

（4）解模糊。常用的解模糊方法有最大隶属度平均法、重心法、加权法、加权平均法。加权平均法即将语言变量 z 各模糊集合的隶属函数定义为单点，模糊规则为

$$R_i: \text{if } x = A_i; \text{ and } y = B_i, \text{ then } z = z_i$$

式中，$z_i(i=1, 2, \cdots, n)$ 是论域 $Z=[-1, 1]$ 上的实数值。若规则的激活度为 α_i，则解模糊结果为

$$z_0 = \sum_{i=0}^n \alpha_i z_i / \sum_{i=0}^n \alpha_i$$

二、神经控制

(一) 神经网络的内涵

非线性科学的深入研究改变了人们对自然、社会的基本观点，例如，曾经被人们认为是有害的"混沌"现象，现已被广泛地应用于数学、物理、医学、通信、生物工程等领域[1]。尽管非线性科学的研究已经取得了长足的进展，但是，人们对非线性问题和现象的研究和认识还远远没有达到成熟的程度，非线性科学正逐步成为跨学科的研究前沿和热点。

目前，神经网络的定义是不均匀的，根据美国科学家 Hecht Nielsen 的神经网络，神经网络是由多个计算机系统非常简单的处理单元，在某种程度上彼此互相形成了系统的动态响应取决于外部输入信息的状态信息处理。综合神经网络的起源、特点和各种解释可以概括为："人工神经网络是模仿人脑结构和功能而设计的信息处理系统。"

人工神经网络的历史可以追溯到 20 世纪 40 年代初，1943 年，美国神经生物学家 McCulloch 与数理逻辑学家 Pitts 在数学生物物理学会刊 Bulletiorno, Mathematical Biophysics 上发表文章，从脑信息处理的角度，利用脑细胞的数学模型和生物神经元的结构和动作的基本生理特征，建立了神经元的第一个神经计算模型，即神经元的阈值元模型，简称"M-P 型"，即

---

[1] 周尚波. 时延神经网络系统的 Hopf 分岔、混沌及其控制研究[D]. 成都：电子科技大学，2003.

第五章 水上无人艇的运动控制技术

$$\begin{cases} v_i(k+1) = \text{sgn}[v_i(k)] \\ v_i(k) = \sum_{j=1}^{n} T_{ij}v_j(k) + I_j \end{cases}$$

$$\text{sgn}(\theta) = \begin{cases} 1, & \theta > 0 \\ -1, & \theta < 0 \end{cases}$$

式中：v_i 表示第 i 个神经元的输入；T_i 表示第 i 个神经元的输出；T_{ij} 表示第 i 个神经元和第 j 个神经元之间的连接强度；I_i 代表了第 i 个神经元的外部输入。他们在原则上证明了人工神经网络可以计算任何算术和逻辑功能，他们在人工神经网络的研究中迈出了第一步。该模型具有激励和抑制两种状态，可以执行有限的逻辑运算。该模型虽然简单，但为建立人工神经网络模型和理论研究奠定了基础。

人工神经网络的第一次实际应用出现在 20 世纪 50 年代末。1958 年，计算机科学家 Nank Rosenblatt 提出了著名的感知模型，包括阈值神经元，模拟感知动物的学习能力和大脑。学习的过程是改变神经元之间连接强度的传感器，适用于模式识别、联想记忆和其他人在实用技术感兴趣，感知器模型包括一个现代神经计算机的基本原理、结构和电神经和生理知识，提高人工神经网络研究的第一次高潮[①]。

1960 年，Bernard Widrow 和 Ted Hoff 发表了题为《自适应开关电路》的论文。他们提出了自适应线性元件网络，简称 ADALINE(Adaptive Linear Element)，这是一种连续取值的线性加权求和阈值网络，为了训练该网络，他们还提出了 Widrow-Hoff 算法，该算法后来被称为 LMS(Least Mean Square)算法，即数学上俗称的最速下降法，这种算法在后来的误差反向传播(Back-Propagation)及自适应信号处理系统中得到了广泛应用，然而，在 1969 年，人工智能的先驱 Marvin Minsky 和 Seymour Papert 出版了名为 PF-rceptroris 的专著，论证了简单的线性感知器功能是有限的，并指出单层感知器只能进行线性分类。不能解决"异或(XOR)"这样的基本问题，更不能解决非线性问题。于是，Minsky 断言这种感知器无科学研究价值可言，包括多层的感知器也没有什么实际意义。当时，由于没有功能强大的数字计算机来支持各种实验，使得许多研究人员对于神经网络的研究前景失去了信心，以至于对神经网络的研究在随后的 10 年左右一直处于萧条的状态，尽管如此，在这一时期，仍然有不少学者在极端艰难的条件下致力于人工神经网络的研究。例如，美国学者 Stephen Grossberg 等提出了自适应共振理论(Adaptive Resonance Theory，ART)模型，并在之后的若干年发展了 ART1，ART2 和 ART3 三种神经网络模型，芬兰学者 Kohonen 提出了自适应映射(Self-Organizing Map，SOM)理论模型，这是一种无监督学习型人工神经网络，Anderson 和 Coworkers[②] 提出了盒中脑(Brain-State-in-a-Box，BSB)神经网络，这是一种节点之间存在横向连接和节点自反馈的单层网络，可以用作自联想最邻

---

① 鄂强. 具有混合时滞和分段常数变元的脉冲神经网络的稳定性的分析[D]. 济南：山东大学，2014.
② 飞思科技产品研发中心. 神经网络理论与 MATLAB 7 实现[M]. 北京：电子工业出版社，2006.

近分类器,并可存储任何模拟向量模式等,这些工作都为以后的神经网络研究和发展奠定了理论基础,神经网络研究的重新兴起,在很大程度上归功于美国加州理工学院(California Institute of Technology)生物物理学家 John J. Hopfield,他提出了一个全连接神经网络(Hopfield 神经网络)模型,对神经网络模型进行了电路设计和开发,并用它成功地解决了旅行商(Traveling Salesman Problem,TSP)优化问题。Hopfield 通过能量函数及 LaSalle 不变性原理给出了网络模型的状态(即动力学模型中的流量),最终收敛于平衡点集,这一重要的动力学分析结果,为联想记忆及优化的性能与功效的提高提供了强有力的理论基础,对神经网络研究的复兴起到了重大的影响和推动作用。

1983 年,Michael A. Cohen 和 Stephen Grossberg 合作提出了一类新型神经网络模型(Cohen-Grossberg 神经网络):

$$\dot{x}_i(t) = -\alpha_i[x_i(t)]\left\{b_i[x_i(t)] - \sum_{j=1}^n t_{ij}S_j[x_j(t)]\right\}$$

式中,X_j 是第 j 个神经元的状态;$\dot{x}$ 是系数;$\alpha_i[x_i(t)]$ 是系数;$b_i[x_i(t)]$ 是自激项;$t_{ij}S_j[x_j(t)]$ 是第 j 个神经元到第 i 个神经元的加权抑制输入。Cohen-Grossberg 神经网络是一种更为广义的神经网络模型,在形式上描述了来自神经生物学、人口生态和进化理论等一大类模型,以及著名的 Hopfield 神经网络模型。

1988 年,美国加利福尼亚大学伯克利分校的华裔科学家蔡少棠(Leon O. Chua)教授受细胞自动机的启发,基于 Hopfield 神经网络提出了一种新的神经网络模型——细胞神经网络模型。

与 Hopfield 神经网络和 Cohen Grossberg 的神经网络模型相同,神经网络是一个复杂的非线性仿真体系统。细胞神经网络的基本单元电路称为一个细胞(Cell),包括线性电容、线性电阻,线性和非线性电源和电源控制,在网络中,每一个细胞与相邻的细胞连接,也就是说,相邻细胞直接相互影响,并连续时间动态的细胞神经网络的传递函数,有细胞之间没有直接的关系也可能有间接的影响,这使得每个模块的细胞神经网络更易于实现大规模集成电路。

同时,Kosko 提出了一个双向联想记忆(Bi-Directional Associative Memory,BAM)的神经网络模型。

联想记忆神经网络模拟人脑,把一些模式存储在神经网络的权值中,通过大规模并行计算,失真模式不完整,通过"噪声污染"来恢复网络中原有的模式本身。例如,当用户听到一首歌的一部分,可以想到整首歌,看到某人的名字会想到他或她的容貌、相貌等特征。前者称为自联想,而后者称为异联想,异联想也称为双向联想记忆,BAM 存储器可以存储两组矢量[N 维矢量 $A=(a_0,a_1,\cdots,a_{N-1})$ 和 P 维矢量 $\beta=(b_0,b_1,\cdots,b_{N-1})$,给定 A 可经过联想得到对应的标准样本 B],当有噪声或残缺时,联想功能可使样本对复原。

目前,大批学者围绕神经网络展开了进一步的研究工作,大量神经网络模型相继被提出,例如,竞争神经网络模型、忆阻器神经网络模型、分数阶神经网络模型等。正是由于神经网络独特的结构和处理信息的方式,它们在诸如最优化计算、自动控制、信号处理、模式识别、故障诊断、海洋遥感、时间序列分析、机器人运动等许多实际领域表现出了良好的智能特性和潜在的应用前景。

人工神经网络(Artificial Neural Network,ANN)也简称为神经网络或称作连接模型(Connection Model),它是一种模仿动物神经网络行为特征,进行分布式并行信息处理的数学模型。这种网络依靠系统的复杂程度,通过调整内部大量节点之间相互连接的关系,从而达到处理信息的目的。

(二)神经网络控制的基本原理

研究结果表明:脑组织的基本单元有神经系统的结构和功能单位,神经生理学和神经解剖学的神经元(神经细胞)。神经元是人脑信息处理系统的最小单元,大脑处理信息的结果是由各神经元状态的整体效果确定的。在生物神经网络中,每个神经元接收到的多个激励信号表现出兴奋或抑制的状态,神经元间的连接强度根据外界激励信息自适应的变化而变化。

1. 生物神经网络

(1)生物神经元的结构。神经元的形态不同,但在功能上有一定的差异。但是在结构上,所有的神经元都是常见的。图5-5所示为典型神经元的基本结构,神经元由细胞体、树突和轴突组成。

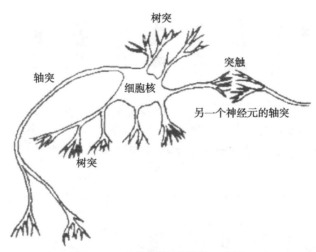

图5-5 生物神经元简化示意图

(2)生物神经元的信息处理机理。细胞膜内外离子浓度差造成膜内外的电位差,称为膜电位。当神经元在无神经信号输入时,膜电位为70 mV,被称为静息电位。此时,细胞膜的状态称为极化,神经元处于静息状态。当神经元受到外界刺激时,神经元兴奋,膜电位由静息电位转移到正位,如果膜电位从静息电位负移,称为超极化,神经处于抑制状态。去极化和神经元细胞膜超极化反映神经元的兴奋和抑制的强度。在一个特定的时间,神经元总是处于静止、兴奋和抑制的三种状态。

(3)生物神经网络的结构。生物神经网络是一种更为复杂、智能化的生物信息处理系统，它由多个以一定方式连接的生物神经元和拓扑结构组成。

脑科学研究表明，人的大脑皮层中包含有数百亿个神经元，皮层平均厚度为 2.5 mm。每个神经元又与数千个其他神经元相连接。虽然神经元之间的连接极其复杂，但是很有规律。

大脑皮层又分为旧脑皮层和新脑皮层两部分，人类的大脑皮层几乎都是新脑皮层，而旧脑皮层被包到新脑皮层内部。新皮层根据神经元的形态由外向内可分为分子层、外颗粒层、锥体细胞层、内颗粒层、神经节细胞层、梭形或多形细胞层6层。其中各层的神经细胞类型及传导神经纤维是不同的，但同一层内神经细胞的类型相似，并彼此间有相互作用。

在空间上，大脑皮层可以划分为不同的区域。不同区域的结构与功能有所不同。从功能上大脑皮层可以分为感觉皮层、联络皮层和运动皮层三大部分。感觉皮层与运动皮层的功能由字面容易理解，而联络皮层则是完成信息的综合、设计、推理等功能。

(4)生物神经网络的信息处理。在此以视觉为例说明生物神经网络的信息处理过程。人的视觉过程是：首先物体在视网膜上成像，然后视网膜发出神经脉冲并经视神经传递到大脑皮层形成。

如图 5-6 所示，视网膜神经细胞分为 3 个层次。外界光线进入眼球后，最外层视网膜的锥体细胞和杆体细胞将光信号转化为神经反应电信号，然后进入第二层的双极细胞等。第三层的神经节细胞与双极细胞连接，负责传递神经反应电位。

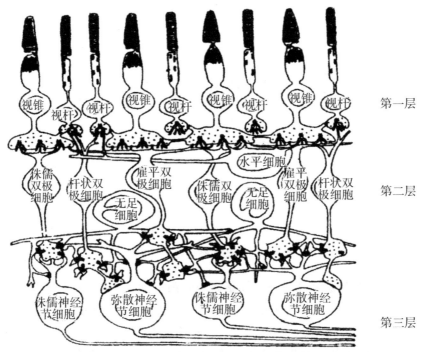

图 5-6 视网膜神经细胞的分层结构

如图 5-7 所示，视觉系统的信息处理是分层的。从视网膜的边缘特征提取，通过低水平的 V1 区域，到眼前的目标形状或局部 V2 区，再到整个目标的顶端（如判断为人脸），以及较高的 PFC（前额叶皮层）来确定分类等。

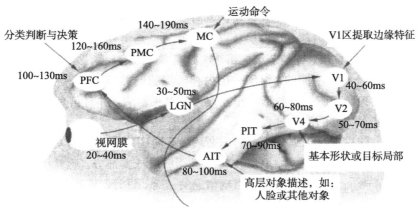

图 5-7 视觉处理系统

上述过程可见，生物神经网络信息处理的有以下特征：

1）众多神经细胞同时工作。神经元之间的突触彼此之间联系是不同的，可塑性强，这使得神经网络在宏观上表现出复杂的信息处理能力。生物神经网络的功能不是单个神经元信息处理功能的简单叠加。同样的机能是在大脑皮层的不同区域串行和并行地进行处理的。

2）分布处理。机能的特殊组成部分是在许许多多特殊的地点进行处理的。但这并不意味着各区域之间相互孤立无关。事实上，整个大脑皮层以致整个神经系统都是与某一机能有关系的，只是一定区域与某一机能具有更为密切的关系。

3）多数神经细胞是以层次结构的形式组织起来的。不同层之间的神经细胞以多种方式相互连接，同层内的神经细胞也存在相互作用。另外，不同功能区的层次组织结构存在差别。

2. 人工神经元的数学建模

人工神经网络是基于生物神经元网络机制提出的一种计算结构，是生物神经网络的某种模拟、简化和抽象。神经元是这一网络的"节点"，即"处理单元"。

(1) M-P 模型。

1) M-P 模型建立的假设条件。M-P 模型的建立基于以下几点抽象与简化：

A. 每个神经元是一个多输入单输出信息处理单元；

B. 神经元输入分为兴奋性输入和抑制性输入两种类型；

C. 神经元具有空间整合和阈值特性。

2) M-P 模型的信息处理。如图 5-8 所示，M-P 模型结构是一个多输入、单输出的非线性元件。其 I/O 关系可推述为

$$I_j = \sum_{i=1}^{n} w_{ij} x_i - \theta$$

$$y_i = f(I_j)$$

式中，x_i 是从其他神经元传来的输入信号；w_{ij} 表示从神经元 i 到神经元 j 的连接权值，为阈值；$f(\cdot)$ 称为激励函数或转移函数；y_i 表示神经元 j 的输出信号。

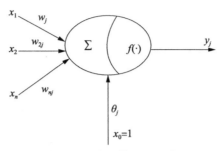

图 5-8 人工神经元结构

作为一种最基本的神经元数学模型，M-P 模型包括了加权、求和与激励（转移）三部分功能。

A. 加权。输入信号为 $x_i(i=1, 2, \cdots, n)$，同时输入神经元 j 模拟了生物神经元的许多激励输入，对于 M-P 模型而言，x_i 取值均为 0 或 1。加权系数 c_i 模拟了生物神经元，具有不同的突触性质和突触强度，正、负代表生物神经元突触的兴奋和抑制，其大小代表不同突触连接的强度。

B. 求和。$\sum_{i=1}^{n} w_{ij}x$ 相应于生物神经元的膜电位，实现了对全部输入信号的空间整合（这里忽略了时间整合作用）。神经元的激活与否取决于阈值水平，即当输入的总和超过阈值时，神经元被激活，脉冲被释放，否则神经元就不会产生输出信号。θ_i 实现了阈值电平的模拟。

C. 激励（转移）。激励函数 $f(\cdot)$ 表征了输出与输入之间的对应关系，一般而言这种函数都是非线性的。对于 M-P 模型而言，神经元只有兴奋和抑制两种状态，神经元信号输出只有 0、1 两种状态。因此激励函数 $f(\cdot)$ 应为单向阈值型函数（阶跃函数）。

3）M-P 模型的改进。当考虑突触时延特性时，可对标准 M-P 模型进行改进：

$$\begin{aligned} y_i &= f(I_j) \\ &= f\left(\sum_{i=1}^{n} w_{ij}x_i(t-\tau_{ij}) - \theta_j\right) \\ &= \begin{cases} 0, & \text{当 } w_{ij}x_i(t-\tau_{ij}) - \theta_j \leq 0 \\ 1, & \text{当 } w_{ij}x_i(t-\tau_{ij}) - \theta_j > 0 \end{cases} \end{aligned}$$

式中，τ_{ij} 表示 t 时刻的突触时延。延时 M-P 模型考虑了突触时延特性，所有神经元具有相同的、恒定的工作节律，工作节律取决于突触时延 τ_{ij}。神经元突触的时延 w_{ij} 为常数，也叫权系数即

$$w_{ij} = \begin{cases} 0, & \text{为抑制性输入时} \\ 1, & \text{为兴奋性输入时} \end{cases}$$

上述模型称为延时 M-P 模型。延时 M-P 模型仍没考虑生物神经元的时间整合作用和突触传递的不应期，M-P 模型的进一步改进可从这两方面进行考虑，同时也可考虑权系数 w_{ij} 在 0~1 范围内连续可变。

虽然 M-P 模型无法实现生物神经元的空间、时间的交叉叠加性，但它在人工神经网络研究中具有基础性的地位与作用。

(2) 常用的神经元数学模型。其他一些神经元的数学模型主要区别在于采用了不同的激励函数，常用的激励函数有阈值型函数、分段线性函数和 Sigmoid 型函数等。

1) 阈值型函数：

$$f(x)=\begin{cases}1, & x\geqslant 0\\ 0, & x<0\end{cases}$$

阈值函数通常也称为硬极限函数。单极性阈值函数如图 5-9(a) 所示，M-P 模型便是采用的这种激励函数。此外，符号函数 sgn(x) 也常作为神经元的激励函数，称作双极性阈值函数，如图 5-9(b) 所示。

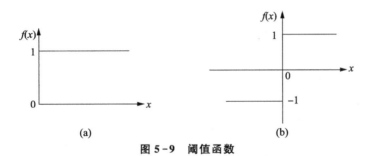

图 5-9 阈值函数
(a) 单极性阈值函数；(b) 双极性阈值函数

2) 分段线性函数：

$$f(x)\begin{cases}1, x\geqslant +1\\ x, +1>x>-1\\ -1, x\leqslant -1\end{cases}$$

如图 5-10 所示，该函数在 [-1, +1] 线性区内的斜率是一致的。

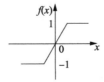

图 5-10 分段线性函数

3) Sigmoid 型函数：

$$f(x)=\frac{1}{1+e^{-ax}}, a>0$$

式中，a 为 Sigmoid 函数的斜率参数，通过改变参数 a，会获取不同斜率的 Sigmoid 型函

数,其变化趋势如图 5-11 所示。由图 5-11 可见:

A. Sigmoid 函数是可微的;

B. 图 5-11 中 Sigmoid 函数值均大于 0,称为单极性 Sigmoid 函数,或非对称 Sigmoid 函数。

C. 双极性 Sigmoid 函数如图 5-11(b)所示,也称为双曲正切函数或对称 Sigmoid 函数,其表达式为

$$f(x)=\frac{1-e^{-ax}}{1+e^{-ax}}$$

4)概率型函数。概率型函数的输入与输出之间的关系是不确定的。概率型神经元模型的输入/输出信号采用 0 与 1 的二值离散信息,它用一个随机函数来描述其输出状态为 1 或 0 的概率。设神经元的输入总和为 x,则输出信号为 y 的概率分布律为式中,T 称为温度参数。这种神经元模型输入/输出信号采用 0 与 1 的二值离散信息,它是把神经元的动作以概率状态变化的规律模型化。

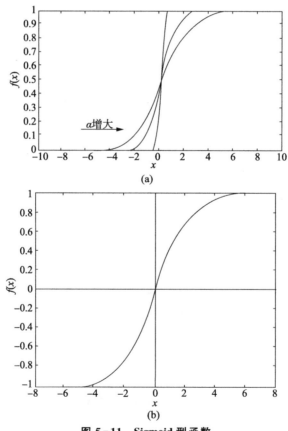

图 5-11 Sigmoid 型函数

(a)单极性 Sigmoid 型函数;(b)双极性 Sigmoid 型函数

3. 人工神经网络的结构建模

根据网络互连的拓扑结构和网络内部的信息流向，可以对人工神经网络的模型进行分类。

(1)网络拓扑类型。神经网络的拓扑结构主要指它的连接方式。将神经元抽象为一个节点，神经网络则是节点间的有向连接，根据连接方式的不同大体可分为层状和网状两大类。

1)层状结构。如图 5-13 所示，层状结构的神经网络可分为输入层、隐层与输出层。各层顺序相连，信号单向传递。

A. 输入层。输入层各神经元接收外界输入的信息，并传递给中间层(隐层)神经元。

B. 隐层。隐层介于输入层与输出层之间，可设计为一层或多层。作为神经网络的内部信息处理层，它主要负责信息变换并将信息传递到输出层各神经元。

C. 输出层。输出层中的每个神经元负责输出神经网络的信息处理结果。

进一步细分，分层结构神经网络有 3 个典型组合：

A. 简单层状结构。如图 5-12(a)所示、神经元分层排列，每层接收输入的第一层，并将其输出到下一层，层内神经元自身以及神经元之间没有连接。

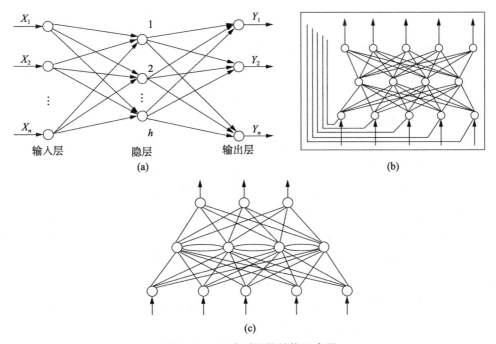

图 5-12 层次型网络结构示意图
(a)单纯型层状结构；(b)输出层到输入层有连接的层状结构；(c)层内有连接的层状结构

B. 输出层到输入层有连接的层状结构。如图 5-12(b)所示，输出层有信号反馈到输入层。因此输入层既可接收输入，也能进行信息处理。

C. 层内互连的层状结构。如图 5-12(c)所示，隐层神经元存在互连现象，因此具有侧向作用,通过控制周边激活神经元的个数,可实现神经元的自组织。

2)网状结构。网状结构神经网络的任何两个神经元之间都可能双向连接。如图 5-13 所示,根据节点互连程度进一步细分,网状结构神经网络有 3 种典型的结合方式。

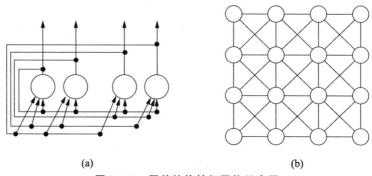

图 5-13 网状结构神经网络示意图
(a)全互连型网络结构;(b)局部互连型网络结构

(2)网络信息流向类型。

1)前馈型网络。前馈型网络的信息处理方向是:输出层、输入层逐层转发,一层输出为下一层输入,无反馈环。前馈型网络可以很容易地串联起来建立多层前馈型网络,其结构如图 5-12(a)所示。

2)反馈型网络。反馈型网络存在信号从输出到输入的反向传播。如图 5-12(b)所示,输出层到输入层有连接,存在信号的反向传播。这意味着反馈型网络中的所有节点都具有信息处理功能,每个节点都可以从外部接收输入并输出到外部。

(3)人工神经网络结构模型的特点。

1)分布性。通过大量神经元之间连接权值分布的神经网络来表示特定的信息。

2)并行性。神经网络的每一个神经元都可以根据接收到的信息进行独立的计算和处理,然后将输出结果传送给其他神经元进行同时(并行)处理。

3)联想记忆性。由于分布式存储信息、并行计算和容错等特点,神经网络具有将外部刺激信息与输入模型相关联的能力。对于前馈神经网络,其通过样本信号反复训练,网络的权值将逐次修改并得以保留,神经网络便有了记忆。对于不同的输入信号,网络将分别给出相应的输出。对于反馈神经网络,如果输出信号反馈给输入端,原始输入信号逐渐增强或修复,信号会导致网络输出的连续变化。如果这种变化逐渐减小,最终收敛到平衡状态,则网络是稳定的,可以被设计成一种存储状态。如果这种变化没有消失,网络就被认为是不稳定的。如前所述,神经网络联想记忆有两种基本形式:自联想记忆与异联想记忆。

4)自适应性。神经网络能够进行自我调节,以适应环境变化。神经网络的自适应性包含三方面的含义,即自学习、自组织、泛化。

(三)神经网络控制模型

1. 处理环节的输入

该处理单元相当于一个加权加法器,用于执行神经元输入信号的空间合成任务[①],即

$$v_i(t) = \sum_{j=1}^{n} a_{ij} y_j(t) + \sum_{k=1}^{m} b_{ik} u_k(t) + w_i$$

2. 状态处理环节

给定时间的输入信号之和决定了神经元输出的大小,相当于一个输入/输出关系为输入/输出的线性动态系统:

$$X_i(s) = H_i(s) V_i(s)$$

其时域描述形式为

$$x_i(t) = \int_{-\infty}^{t} h(t-\tau) v_i(\tau) d\tau$$

式中,$H(s)$和$h(t)$是拉普拉斯变换对。一般地,$H(s)$的形式为

$$H(s) = 1/(a_0 s + a_1)$$

a_0,a_1的取值决定了由该神经元所构成的网络性质。

3. 输出处理环节

输出处理实际上是一个非线性激活函数,则有

$$y_i(t) = \sigma(x_i)$$

一般来说,它需要满足单调的、递增的、连续的要求,通常是非线性的函数形式:

(1)硬限幅函数:

$$\sigma(x) = \begin{cases} 0, & x \leqslant 0 \\ 1, & x > 0 \end{cases}$$

(2)线性限幅函数:

$$\sigma(x) = \begin{cases} 0, & x \leqslant 0 \\ x, & 0 \leqslant x < \beta \\ 1, & x \geqslant \beta \end{cases}$$

(3)Sigmoid函数:

$$\sigma(x) = \frac{1}{1 + e^{-x}}$$

(4)对称型Sigmoid函数:

$$\sigma(x) = \frac{1 - e^{-x}}{1 + e^{-x}}$$

---

① 何玉彬. 神经网络控制技术及其应用[M]. 北京:科学出版社,2000.

(四)神经网络模型及其学习算法

1. MFNN 模型与 BP 算法

多层前馈网络由输入层、输出层和至少一个隐含层组成,每层由两个相邻的神经元之间的一个或多个神经元通过调节权重连接,每个神经元无反馈。信息从输入层转移到隐藏层,直到输出层。每个神经元将输入的全部或部分组合在加权和上,根据非线性激活函数的形状产生相应的输出。网络各层神经元的输入/输出映射关系可以描述为"OFF":

$$\begin{cases} y_i^l = \sigma(x_i^l) \\ x_i^l = \sum w_{ij}^l y_j^{l-1} + \theta_i^l \end{cases} \quad (l=1,2,\cdots,L) \tag{5-1}$$

式(5-1)也就是 MFNN 的信息前馈处理方程。

在理论研究和实际应用中,最常用的是具有线性输出的单层隐层网络。对于网络结构,式(5-1)模型可以简化为

$$y_i = \sum_{j=1}^{H} w_{ij}^2 \sigma\left(\sum_{k=1}^{N} w_{ij}^1 x_k + \theta_j^1\right) + \theta_i^2, \quad i=1,2,\cdots,M \tag{5-2}$$

式中,M 为输出层节点数;H 为隐层节点数;N 为输入层节点数。

如果采用矩阵形式表示,式(5-1)可表示为

$$Y = W_{OH}^T \sigma(W_{HI} + \theta_H) + \theta_O \tag{5-3}$$

式中,W_{OH},W_{HI} 分别是网络输出层到隐层和隐层到输入层的连接权值矩阵;θ_H,θ_O 分别为隐层和输出层神经元的阈值向量。

对式(5-1)的网络方程,BP 算法的计算公式为

$$w_{ij}^l(k+1) = w_{ij}^l(k) - \eta \delta_i^l(k) \sigma(x_i^l(k)) y_j^{l-1}(k) \tag{5-4}$$

式中,η 为学习率;δ_i^l 为 l 层第 i 节点的反向传播误差信号,则有

$$\delta_i^{l-1}(k) = \sum_{j=1}^{N_l} \delta_j^l(k) \sigma[x_i^l(k)] w_{ij}(k) \quad (l=2,3,\cdots,L) \tag{5-5}$$

对输出层,有

$$\delta_i^L(k) = y_i^L(k) - y_{di}^L(k) \tag{5-6}$$

$$w_{ij}^l(k+1) = w_{ij}^l(k) - \eta \delta_i^l(k) \sigma[x_i^l(k)] y_j^{l-1}(k) + a[w_{ij}^l(k) - w_{ij}^l(k-1)] \tag{5-7}$$

式中,a 为动量因子,取值范围是 $a \in (0,1)$。

2. DRNN 模型与动态 BP 算法

动态递归网络又分为全反馈和部分反馈两种网络形式。比较简单的部分动态递归网络有 Elman 网络和 Jordan 网络,设 Elman 网络输出矢量为 $Y(k) \in R^m$,输入为 $u(k-1) \in R^r$,隐层单元输让矢量 $X(k) \in R^n$,则网络的输入/输出关系可描述为

$$X(k) = F(W_{HC} X_c(k)) + W_{HI} u(k-1) \tag{5-8}$$

$$X_c(k) = X(k-1) \tag{5-9}$$

$$Y(k) = G(W_{OH} X(k)) \tag{5-10}$$

式中，F，G 是由隐层单元和输出单元激活函数组成的非线性矢量函数。当 F，G 进行线性映射时，可以得到如下线性状态空间表达式，即

$$X(k) = W_{HC} X_c(k) + W_{HI} u(k-1)$$

$$X_c(k) = X(k-1)$$

$$Y(k) = W_{OH} X(k)$$

这里隐层单元的个数就是状态变量的个数，即系统的阶次。

Elman 网络只能辨识一阶线性动态系统。为了克服这一缺点，我们可以采用动态反向传播学习算法来训练 Elman 网络，权值调整规则可导出为

$$\Delta w_{OH}^{ij} = \eta \delta_i^o x_j(k) \quad (i=1, 2, \cdots, m; j=1, 2, \cdots, n) \tag{5-11}$$

$$\Delta w_{HI}^{iq} = \eta \delta_i^h u_q(k-1) \quad (j=1, 2, \cdots, n; q=1, 2, \cdots, r) \tag{5-12}$$

$$\Delta w_{HC}^{il} = \eta \sum_{i=1}^{m} (\delta_i^o w_{OH}^{ij}) \frac{\partial x_j(k)}{\partial w_{HC}^{il}} \tag{5-13}$$

式中

$$\frac{\partial x_j(k)}{\partial w_{HC}^{il}} = [y_{di}(k) - y_i(k)] g_i'(\cdot)$$

$$\delta_i^o = [y_{di}(h) - y_i(k)] g_i'(\cdot)$$

$$\delta_j^h = \sum_{i=1}^{m} (\delta_i^o w_{OH}^{ij}) f_j'(\cdot)$$

当 $x_l(k-1)$ 与连接权 w_{HC}^{il} 之间的依赖关系可以忽略时，由于

$$\frac{\partial x_j(k)}{\partial w_{HC}^{il}} = f_i'(\cdot) x_c^l(k) = f_i'(\cdot) x_l(k-1)$$

上述算法就退化为以下标准 BP 学习算法，即

$$\Delta w_{OH}^{ij} = \eta \delta_i^o x_j(k) \quad (i=1, 2, \cdots, m; j=1, 2, \cdots, n)$$

$$\Delta w_{HI}^{iq} = \eta \delta_j^h u_q(k-1) \quad (j=1, 2, \cdots, n; q=1, 2, \cdots, r)$$

$$\Delta w_{HC}^{il} = \eta \delta_j^h x_c^l(k) \quad (j=1, 2, \cdots, n; l=1, 2, \cdots, n)$$

（五）增广 LPIDBP 学习算法

1. LPIDBP 学习算法的推导

R. Vitthall 受 PID 调节器原理的启发，直接利用误差梯度函数的比例、积分、微分组合形成调节量，我们称之为 RPIDBP 算法，即

$$\Delta W(k) = k_P G(k) + k_D \Delta G(k) + k_I \sum_{i=1}^{k} G(i) \tag{5-14}$$

式中，k_P、k_I、k_D 为比例、积分、微分系数；$G(k) = \frac{\partial E(k)}{\partial W(k)}$；$\Delta G(k) = G(k) - G(k-1)$ 为当前梯度变化量。当仅有比例项存在时，式(5-14)即成为标 BP 算法。

在神经网络梯度学习算法中，以梯度 $G(k)$ 为调节量，达到调整被调节量 $\Delta W(k)$ 的目

的。受上述思想的启发，如果在其间增加比例、积分、微分组合作用的函数关系，则可能利用 PID 控制作用的原理，来达到快速调节的目的。为此，我们提出增广 LPIDBP 学习算法。

设 PID 传递函数为

$$D(s) = k_P\left(1 + \frac{1}{T_I s}\right) + \frac{T_D s}{1 + \frac{T_D}{a}s} \tag{5-15}$$

式中，k_P 为比例增益；T_I 为积分增益；T_D 为微分常数；a 为消除高频干扰而引入滤波器的常数，取值范围为 (3, 10)。设 T 为采样时间，对方程式 (5-15) 取一阶近似离散化后有

$$D(z) = k_p\left(1 + \frac{T}{T_i}\frac{1}{Z-1}\right) + a\frac{Z-1}{1+r_0} \tag{5-16}$$

式中，$r_0 = \dfrac{aT - T_D}{T_D}$。

由 LPIDBP 算法原理可得

$$\Delta W(z) = D(z) G(z) \tag{5-17}$$

为提高差分方程精度，对式 (5-15) 取双线性变换，即令

$$S = \frac{2}{T}\frac{z-1}{z+1} \tag{5-18}$$

将式 (5-18) 代入式 (5-15)，得

$$D(z) = k_P\left(1 + \frac{T}{2T_i}\frac{z+1}{z-1}\right) + \frac{2T'_D}{T}\frac{z-1}{z+r}$$

$$= k_1 + k_2\frac{z^{-1}}{1-z^{-1}} - k_3\frac{z^{-1}}{1+rz^{-1}} \tag{5-19}$$

式中，$T'_D = T_D \dfrac{T}{T + 2T_{D/a}}$，$r = \dfrac{T - 2T_{D/a}}{T + 2T_{D/a}}$，$k_1 = k_P\left(1 + \dfrac{T}{2T_I}\right) + \dfrac{2T'_D}{T}$，$k_2 = \dfrac{T}{T_I}$，$k_3 = (1+r)\dfrac{2T'_D}{T}$。

将式 (5-19) 代入式 (5-17)，可得 LPIDBP 学习算法的规则为

$$\Delta W(k) = (1-r)\Delta W(k-1) + r\Delta W(k-2) + k_1 G(k) + [k_1(r-1) + k_2 - k_3]G(k-1) +$$
$$(k_3 + k_2 r - k_1 r)G(k-2)$$
$$= \alpha \Delta W(k-1) + \beta \Delta W(k-2) + b_0 G(k) + b_1 G(k-1) + b_2 G(k-2) \tag{5-20}$$

式中，α，β，b_0，b_1，b_2 为常系数，且满足：

$$\left.\begin{array}{l}\alpha + \beta = 1 \\ b_0 + b_1 + b_2 = k_2(r+1)\end{array}\right\} \tag{5-21}$$

下述考查式 (5-14) 与式 (5-20) 的关系。由式 (5-14) 可得

$$\Delta W(k-1) = k_p G(k-1) + k_d \Delta G(k-1) + k_i \sum_{i=1}^{k-1} G(i) \tag{5-22}$$

式(5-14)减去式(5-22)有

$$\Delta W(k) - \Delta W(k-1) = (k_p + k_i + k_d)G(k)(k_p + k_i + 2k_d)G(k-1) + k_d G(k-2)$$
$$= k_P G(k) + k_I G(k-1) + k_D G(k-2) \quad (5-23)$$

关于式(5-20)LPIDBP 学习算法的收敛性,可以作如下简单分析。重写 BP 算法的权值学习公式为

$$\Delta W(k) = \eta G(k) + a\Delta W(k-1) \quad (5-24)$$

由式(5-24)可得

$$\Delta W(k-1) = \eta G(k-1) + a\Delta W(k-2) \quad (5-25)$$

式(5-25)代入式(5-26),则 BP 学习算法为

$$\Delta W(k) = \eta G(k) + a_1 \Delta W(k-1) + (a - a_1)\Delta W(k-1)$$
$$= \eta G(k) + a_1[\eta G(k-1)a\Delta W(k-2)] + (a - a_1)\Delta W(k-1)$$
$$= \eta G(k) + a_1 \eta G(k-1) + (a - a_1)\Delta W(k-1) + a_1 a \Delta W(k-2) + c_2 \Delta W(k-2)$$
$$(5-26)$$

式中,a_1,c_1,c_2 为常系数,且 $c_1 + c_2 = a_1 a$。

比较式(5-20)与式(5-26),当式(5-20)中的 $b_2 = 0$ 时,式(5-20)与式(5-26)的惯性 BP 算法一致;当 $b_2 \neq 0$ 而 $G(k-2) = c_2/b_2 \Delta W(k-2)$ 时,则式(5-20)与式(5-24)完全一致。我们已知,传统 BP 算法和惯性 BP 算法是收敛的。因此 LPIDBP 算法的收敛性也可得到保证。

由上述推导说明,LPIDBP 算法是惯性 BP 算法与滞后两拍的 BP 算法的合成。

式(5-20)包含了神经网络权值学习系数与采样时间、积分时间、微分时间常数等之间的关系,便于与连续系统对应。显然 LPIDBP 要比 RPIDBP 学习参数的物理意义更加清晰。同时由于引入了惯性项,可以在较大的学习参数下加快收敛而减少振荡和发散的可能。按照上述构造神经网络学习算法的思路,从设计滤波器和传递函数的角度来看,我们还可以构造 Kalman 滤波器等其他传递函数方程,从而得到其他形式的神经网络学习算法。本节内容希望能起到抛砖引玉的作用。

2. 仿真研究

考虑二阶非线性离散动态系统:

$$y(k+1) = \frac{0.875y(k) + u(k)}{1 + y^2(k) + y^2(k-1)} \quad (5-27)$$

将训练准则定为输出的均方误差和,即 $\frac{1}{2}\sum e^2$。训练方法有以下 3 种:①BP 网络与 BP 算法;②BP 网络与 LPIDBP 算法;③复合输入 DRNN 与 LPIDBP 算法。其中复合输入 DRNN 网络结构为 $(1+6)\times 6 \times 1$,自反馈系数为 0.25,反馈系数为 0.5,前向滤波系数为 0.9;BP 网络结构为 $3\times 6 \times 1$,BP 算法的学习率 $\eta = 0.01$,动量因子 $a = 0.1$,取采样周期 $T = 0.1$ s。采用 LPIDBP 算法时,为简化运算,仅对输出层权值采用 LPIDBP 算法,对隐

层权值仍延用标准 BP 算法。

采用上述几种网络和学习算法的训练情况。其中曲线 1 是 BP 网络采用 BP 算法的收敛结果；曲线 2 是 BP 网络采用 LPIDBP 算法的收敛结果；曲线 3 是复合输入 DRNN 采用 LPIDBP 算法的收敛结果。通过比较可以看出，LPIDBP 算法较 BP 算法具有明显的优势，同时曲线 3 有最佳的学习效果，说明复合输入 DRNN 的稳态收敛精度高于 BP 网络。

为验证复合输入 DRNN 的泛化能力，对网络和系统分别施加幅度为 0.5、频率分别为 0.1Hz 和 0.5Hz 的正弦输入。在不同的频率下，复合输入 DRNN 的输出均能很好地逼近系统的响应，这表明网络的泛化能力较高，适当调整采样时间和 LPIDBP 参数，收敛速度和辨识相度会更加理想。

通过上例对 Elman 网络进行了仿真研究，结果发现，其误差二次方和函数值始终保持在 15.3 左右而不收敛，这一点与前文的分析一致。但是，应当指出，系统实时辩识和控制大多是在给定输入信号下进行的，因此 Elman 网络仍有一定的作用，尤其在需要利用它的导数逼近能力的时候。

(六) 神经网络控制器

水上无人艇的运动是对所受到力的响应。以外力和当前运动状态为输入，水上无人艇的响应运动状态为输出来模拟水上无人艇运动特性的神经网络称为正动态神经网络。而以运动状态为输入，推力为输出的神经网络称为逆动态神经网络。把被控对象的逆动态神经网络模型作为控制器，将其串联在被控对象之前，以神经网络的输出作为水上无人艇的控制量，这就是神经网络逆动态控制系统。

假定设计的控制器是一个 3 层前向 BP 网络，如图 5-14 所示。图 5-14 中，$S(n)$ 为水上无人艇的位移偏差；$V(n)$ 为水上无人艇的速度；$F(n)$ 为施加于水上无人艇上的力(力矩)。

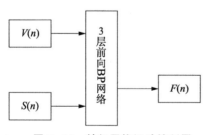

图 5-14 神经网络运动控制器

神经网络由初始的无知识状态，到能对控制对象进行正确的控制，即神经网络的智能化过程，都离不开网络的学习。神经网络的学习结构如图 5-15 所示。

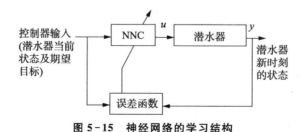

图 5-15 神经网络的学习结构

神经网络的学习归结为寻求误差函数。控制的目的就是使目标位置与当前位置的偏差

S 与偏差变化率 V 趋向零。对输出的预先规划可表示为

$$a = V' = [a_x \quad a_y \quad a_z \quad a_\varphi]^T = f(\bm{S}, \bm{V})$$

式中，$f(\cdot)$ 的具体形式可以根据动力系统的驱动能力与设计者的综合考虑做多种选择。比如：

$$a = \bm{P} a_{\max}$$

式中，$a_{\max}$ 为限制水上无人艇的最大加速度，主要取决于动力系统驱动能力和载体的质量。将 $\bm{P}$ 取为 4 阶对角矩阵：

$$\bm{P} = \begin{bmatrix} p_1 & & & \\ & p_2 & & \\ & & p_3 & \\ & & & p_4 \end{bmatrix}$$

式中

$$p_1 = (p_x/p_{xy}) \tanh(p_{xy}/2)$$
$$p_2 = (p_y/p_{xy}) \tanh(p_{xy}/2)$$
$$p_3 = \tanh(p_z/2)$$
$$p_4 = \tanh(p_\varphi/2)$$
$$p_x = S_x^* - c_x V_x$$
$$p_y = S_y^* - c_y V_y$$
$$p_z = S_z^* - c_z V_z$$
$$p_\varphi = S_\varphi^* - c_\varphi V_\varphi$$
$$p_{xy} = \sqrt{p_x^2 + p_y^2}$$

式中，c_x, c_y, c_z, c_φ 分别为 x, y, z, φ 方向的待定正参数；$S_x^*, S_y^*, S_z^*, S_\varphi^*$ 分别为 x, y, z, φ 方向的牵引距离，定义为

$$S_i^* = \begin{cases} S_{i\max}^*, & S_i \geqslant S_{i\max}^* \\ S_i, & -S_{i\max}^* < S_i < S_{i\max}^*, \quad i = x, y, z, \varphi \\ -S_{i\max}^*, & S_i \leqslant -S_{i\max}^* \end{cases}$$

式中，$S_{i\max}^*$ 为待定正参数。

如果希望 i 方向的远程转移速度为 $V_{i\max}$，则

$$S_{i\max}^* - c_i V_{i\max} = 0$$

然而根据上式并不能完全确定 $S_{i\max}^*$ 与 c_i。另一个可用的约束条件是由微分方程

$$\begin{cases} S''_i = a_{i\max} \left[1 - \dfrac{2}{1 + \exp(c_i S'_i - S_i)} \right], & t > t_0 \\ S_i = S''_{i\max}, & t = t_0 \\ S'_i = V_{i\max}, & t = t_0 \end{cases}$$

求得 $S_{i\max}^*$ 与 c_i，使得对于所有的 $t > t_0$，所有 $S_i > 0$，并有尽可能小的 $t_n > t_0$，使得对于所有的 $t > t_n$，所有 $S_i < \varepsilon_i$，ε_i 为预先规定的 i 方向的位置精度。

这一约束条件可解释为既要使位置误差尽快地缩小，又要求超调为零。一旦确定了 $a_{\max}$，$\boldsymbol{S}_{\max}^* = [S_{x\max}^* \quad S_{y\max}^* \quad S_{z\max}^* \quad S_{\varphi\max}^*]$ 和 $\boldsymbol{C} = [C_x \quad C_y \quad C_z \quad C_\varphi]$，对于当前采样时刻一定的 $\boldsymbol{S}$ 与 $\boldsymbol{V}$，便可依据 $\boldsymbol{a} = \boldsymbol{P}\boldsymbol{a}_{\max}$ 求得加速度的期望值 a_d，将 a_d 在 $\boldsymbol{V}$ 的基础上，在当前控制周期内积分，便得到下一采样时刻速度的期望值 V_d。

误差函数的确定是基于以下原则：如果 V_i 小于 V_{id}，则 u_i 小于 u_{id}，u_i 应该增大；反之，u_i 应该减小，因此可定义神经网络的误差函数为

$$\varepsilon_i = k_i(V_{id} - V_i)$$

式中，k_i 为适当的正常数。既然 BP 网络的收敛性已得到证实，只要 k_i 适当小，神经网络的收敛是肯定的。当然，在神经网络开始工作时，输出误差 ε_i 总是存在的。因为采用的是在线学习方法，神经网络权重的修正总是针对当前输入的 $\boldsymbol{S}$ 与 $\boldsymbol{V}$，而 $\boldsymbol{S}$ 与 $\boldsymbol{V}$ 的变化相对于时间 t 总是连续的，即 $\boldsymbol{S}$ 与 $\boldsymbol{V}$ 不可能有大的跳变，所以对于当前的输入，神经网络总是能够使输出误差 ε_i 维持在一个较低的水平，从而迅速地给出正确的控制输入量 u，这就足以使控制系统稳定、正常地工作，而不必使神经网络在一开始就能对所有可能的输入给出正确的控制输出，加上控制的反馈特性，神经网络的自适应和学习能力在预先规划 $\boldsymbol{a} = \boldsymbol{P}\boldsymbol{a}_{\max}$ 的监督下，使控制系统表现出良好的收敛性与稳定性。随着工作时间的增加，神经网络积累的关于被控系统的动力学性能的知识不断增加，对于任意的输入，其输出误差将不断减小，从而表现出一种"熟能生巧"的特性。这种做法既使运算得以简化，又弥补了 BP 算法整体误差收敛太慢的缺陷，使神经网络在实时控制中的应用变得切实可行。

第三节 控制器优化方法

控制器优化方法主要包括模拟退火算法、粒子群算法等智能优化算法等。

一、模拟退火算法

模拟退火算法来源于固体退火原理，将固体加温至充分高，再让其徐徐冷却。加温时，固体内部粒子随温度升高，变为无序，内能增大；而徐徐冷却时粒子渐趋有序，每个温度都达到平衡态，最后在常温下达到基态，内能减为最小。根据 Metropolis 准则，粒子在温度 T 时趋于平衡的概率为 $e - \Delta E/(kT)$，其中 E 为温度 T 时的内能，ΔE 为其改变量，k 为玻尔兹曼常数。用固体退火模拟组合优化问题，将内能 E 模拟为目标函数值 f，温度 T 演化成控制参数 t，即得到解组合优化问题的模拟退火算法：由初始解 i 和控制参数初值 t 开始，对当前解重复"产生新解→计算目标函数差→接受或舍弃"的迭代，并逐步

衰减 t 值,算法终止时的当前解即为所得近似最优解,这是基于蒙特卡罗迭代求解法的一种启发式随机搜索过程。退火过程由冷却进度表(Cooling Schedule)控制,包括控制参数的初值 t 及其衰减因子 Δt、每个 t 值时的迭代次数 L 和停止条件 S。

模拟退火算法可以分解为解空间、目标函数和初始解三部分。

模拟退火的基本思想如下:

(1)初始化:初始温度 T 充分大,初始解状态 S 是算法迭代的起点,每个 T 值的迭代次数为 L。

(2)对 $k=1,2,\cdots,L$ 做第(3)~第(6)步。

(3)产生新解 S'。

(4)计算增量 $\Delta t'=C(S')-C(S)$,其中 $C(S)$ 为评价函数。

(5)若 $\Delta t'<0$,则接受 S' 作为新的当前解,否则以概率 $\exp(-\Delta t'/T)$ 接受 S' 作为新的当前解。

(6)如果满足终止条件,则输出当前解作为最优解,结束程序。通常连续若干个新解都没有被接受时终止算法。

(7)T 逐渐减少,且 $T\rightarrow 0$,然后转第(2)步。

模拟退火算法新解的产生和接受可分为如下4个步骤:

(1)由一个产生函数从当前解产生一个位于解空间的新解;为便于后续的计算和接受,减少算法耗时,通常选择由当前新解经过简单的变换即可产生新解的方法,如对构成新解的全部或部分元素进行置换、互换等,注意到产生新解的变换方法决定了当前新解的邻域结构,因而对冷却进度表的选取有一定的影响。

(2)计算与新解所对应的目标函数差。因为目标函数差仅由变换部分产生,所以目标函数差的计算最好按增量计算。事实表明,对大多数应用而言,这是计算目标函数差最快的方法。

(3)判断新解是否被接受,判断的依据为接受准则。最常用的接受准则是 Metropolis 准则:若 $\Delta t'<0$,则接受 S' 作为新的当前解 S,否则以概率 $\exp(-\Delta t'/T)$ 接受 S' 作为新的当前解 S。

(4)当新解被确定接受时,用新解代替当前解,这只需实现当前解中对应于产生新解时的变换部分,同时修正目标函数值即可。此时,当前解实现了一次迭代。可在此基础上开始下一轮试验。而当新解被判定为舍弃时,则在原当前解的基础上继续下一轮试验。

模拟退火算法与初始值无关,算法求得的解与初始解状态 S(算法迭代的起点)无关。模拟退火算法具有渐近收敛性,已在理论上证明是一种以概率 l 收敛于全局最优解的优化算法。模拟退火算法具有并行性。

二、粒子群算法

从 20 世纪 90 年代初,就产生了模拟自然生物群体(Swarm)行为的优化技术。粒子群优化(Particle Swarm Optimization,PSO)最初是处理连续优化问题的,目前其应用已扩展到组合优化问题。由于其简单、有效的特点,短短数年时间,PSO 算法便获得了很大的发展,并在一些领域得到应用。目前已被国际演化计算会议(Conference on Evolutionary Computation,CEC)列为讨论专题之一。

粒子群优化算法是以群体的演化算法为基础,其思想来源于人工生命和演化计算理论。Reynolds 对鸟群飞行的研究发现,鸟仅仅是追踪其有限数量的邻居,但最终的整体结果是整个鸟群好像在一个中心的控制之下,即复杂的全局行为是由简单规则的相互作用引起的。PSO 即源于对鸟群捕食行为的研究。一群鸟在随机搜寻食物,如果这个区域里只有一块食物,那么找到食物最简单有效的策略就是搜寻目前离食物最近的鸟的周围区域。PSO 算法就是从这种模型中得到启示而产生的,并用于解决优化问题。另外,人们通常是以他们自己及他人的经验来作为决策的依据,这就构成了 PSO 的一个基本概念。

PSO 求解优化问题时,问题的解对应于搜索空间中一只鸟的位置,这些鸟称为粒子或主体。每个粒子都有自己的位置和速度(决定飞行的方向和距离),还有一个由被优化函数决定的适应值。各个粒子记忆、追随当前的最优粒子,在解空间中搜索。每次迭代的过程不是完全随机的,如果找到较好解,将会以此为依据来寻找下一个解。

将 PSO 初始化为一群随机粒子(随机解),在每一次迭代中,粒子通过跟踪两个极值来更新自己:第一个就是粒子本身所找到的最好解,称为个体极值点(用 pbest 表示其位置);全局版 PSO 中的另一个极值点是整个种群目前找到的最好解,称为全局极值点(用 gbest 表示其位置);局部版 PSO 不用整个种群而是用其中一部分作为粒子的邻居,所有邻居中的最好解就是局部极值点(用 lbest 表示其位置)。粒子主的信息可以用 D 维向量表示,位置表示为 $\boldsymbol{X}_i = [x_{i1} \quad x_{i2} \quad \cdots \quad x_{iD}]^T$,速度为 $\boldsymbol{V}_i = [v_{i1} \quad v_{i2} \quad \cdots \quad v_{iD}]$,其他向量类似,则粒子速度和位置更新方程为

$$v_{id}^{k+1} = wv_{id}^{k} + c_1 \mathrm{rand}_1^k (\mathrm{pbest}_{id}^k - x_{id}^k) + c_2 \mathrm{rand}_2^k (\mathrm{gbest}_{id}^k - x_{id}^k)$$

$$x_{id}^{k+1} = x_{id}^k + \eta v_{id}^{k+1}$$

式中,v_{id}^k 是粒子 i 在第 k 次迭代中第 d 维的速度;c_1 和 c_2 是加速系数(或称学习因子),分别调节全局最好粒子和个体最好粒子方向飞行的最大步长,其值若太小,则粒子可能远离目标区域,若太大,则会导致突然向目标区域飞去,或飞过目标区域,合适的 c_1 和 c_2 可以加速收敛且不易于陷入局部最优,通常令 $c_1 = c_2 = 2$;rand_1 和 rand_2 是[0,1]区间上的随机数;x_{id}^k 是粒子 i 在第 k 次迭代中第 d 维的当前位置;pbest_{id} 是粒子 i 在第 d 维的个体极值点的位置(即坐标);gbest_d 是整个种群在第 d 维的全局极值点的位置。为防止粒子远离搜索空间,粒子的每一维速度 v_d 都限制在 $[-v_{d\max}, v_{d\max}]$ 之间,$v_{d\max}$ 太大,粒

子将飞离最好解；太小将会陷入局部最优。假设将搜索空间的第 d 维定义为区间 $[-x_{d\max}, x_{d\max}]$，则通常 $v_{d\max}=\kappa x_{d\max}$，$\kappa\in[0,1]$，每一维都用相同的方法设置。

基本 PSO 流程可描述如下：

(1)初始化。初始搜索点的位置 x_i^0 及其速度 v_i^0 通常是在允许的范围内随机产生的，每个粒子的 pbest 坐标设置为其当前位置，且计算出其相应的个体极值（个体极值点的适应度值），而全局极值（全局极值点的适应度值）就是个体极值中最好的，记录该最好值的粒子序号，并将 gbest 设置为该最好粒子的当前位置。

(2)评价每一个粒子。计算粒子的适应度值，如果好于该粒子当前的个体极值，则将 pbest 设置为该粒子的位置，且更新个体极值。如果所有粒子的个体极值中最好的好于当前的全局极值，则将 gbest 设置为该粒子的位置，记录该粒子的序号，且更新全局极值。

(3)粒子的更新。对每一个粒子的速度和位置进行更新。

(4)检验是否符合结束条件。如果当前的迭代次数达到了预先设定的最大次数或达到最小错误要求，则停止迭代，输出最优解，否则转到(2)。

PSO 有全局版和局部版两种，全局版收敛快，但有时会陷入局部最优。局部版 PSO 通过保持多个吸引子来避免早熟，假设每一个粒子在大小为 l 的邻域内定义为一个集合：

$N_i=\{\text{pbest}_{i-l},\text{pbest}_{i-l+1},\cdots,\text{pbest}_{i-1},\text{pbest}_i,\text{pbest}_{i+1},\cdots,\text{pbest}_{i+l}-1,\text{pbest}_{i+l}\}$

从 N_i 中选出最好的，将其位置作为 lbest 代替 gbest，其他与全局版 PSO 相同。试验结果表明，局部版比全局版收敛慢，但不容易陷入局部最优。在实际应用中，可以先用全局 PSO 找到大致的结果，再用局部 PSO 进行搜索。

PSO 算法最初是为了图形化地模拟鸟群优美而不可预测的运动。人们通过对动物社会行为的观察，发现在群体中对信息的社会共享有利于在演化中获得优势，并以此作为开发 PSO 算法的基础。其具有以下特点：

(1)基本 PSO 算法最初是处理连续优化问题的。

(2)类似于遗传算法，PSO 也是多点搜索。

(3)这个方法在多样化和集中化之间建立均衡。

第六章 水上无人艇的导航与通信技术

第一节 水上无人艇的卫星导航技术

一、卫星导航技术的工作原理

以全球定位系统(Global Positioning System，GPS)为例，其基本原理是首先测量出已知位置的卫星到用户接收机之间的距离，然后综合多颗卫星的数据就可知道接收机的具体位置。卫星的位置可以根据星载时钟所记录的时间在卫星星历中查出。而用户到卫星的距离则通过记录卫星信号传播到用户所经历的时间，再乘以光速得到(由于大气电离层的干扰，这一距离并不是用户与卫星之间的真实距离，而是伪距)。当 GPS 卫星正常工作时，会不断地用二进制码(1 和 0)元组成的伪随机码(简称"伪码")发射导航电文。GPS 使用的伪码一共有两种，分别是民用的 C/A 码和军用的 P(Y)码。C/A 码频率为 1.023 MHz，重复周期为 1 ms，码间距为 1 μs，相当于 300 m；P 码频率为 10.23 MHz，重复周期为 266.4 d，码间距为 0.1 μs，相当于 30 m；Y 码是在 P 码的基础上形成的，保密性能更佳。导航电文包括卫星星历、工作状况、时钟改正、电离层时延修正、大气折射修正等信息。它是从卫星信号中解调制得的，以 50 bit/s 调制在载频上发射的。导航电文每个主帧中包含 5 个子帧，每帧长 6 s。前 3 帧各 10 个字码，每 30 s 重复一次，每小时更新一次。后两帧共 15 000 bit。导航电文中的内容主要有遥测码、转换码和第 1~3 数据块，其中最重要的则为星历数据。当用户接收到导航电文时，提取出卫星时间并将其与自己的时钟对比，便可得知卫星与用户的距离；再利用导航电文中的卫星星历数据推算出卫星发射电文时所处位置；用户在 WGS-84 大地坐标系中的位置速度等信息便可得知。

24 颗 GPS 卫星在离地面 1.2×10^4 km 的高空上，以 12 h 的周期环绕地球运行，这使得在任意时刻，在地面上的任意一点都可以同时观测到 4 颗以上的卫星。由于卫星的位置精确可知，在 GPS 观测中，可得卫星到接收机的距离，利用三维坐标中的距离公式和 3 颗卫星，就可以组成 3 个方程式，解出观测点的位置(x, y, z)。考虑到卫星的时钟与接收机时钟之间的误差，实际上有 4 个未知数，x，y，z 和时钟差，因而需要引入第 4 颗卫星，形成 4 个方程式进行求解，从而得到观测点的经纬度和高程。事实上，接收机往往可以锁住 4 颗以上的卫星。这时，接收机可按卫星的星座分布分成若干组，每组 4 颗，然后通过算法挑选出误差最小的一组用作定位，从而提高精度。

二、卫星导航技术的发展

第一代卫星导航系统——美国海军导航系统（又称子午仪系统），由 6 颗卫星构成，于 1964 年 1 月由美军启用，其导航卫星连续发射无线电信号，传递卫星星历表、偶数分钟的时间信号以及供多普勒频移测量用的 399.968 MHz 和 149.988 MHz 的载波频率这 3 种导航信息。它的诞生预示着经典导航定位技术面临着一场重大变革，在卫星导航技术的发展史上具有划时代的意义。在子午仪系统的启发下，苏联海军于 1965 年也开始建立了"圣卡达"卫星导航系统，它与子午仪系统相似，也是第一代卫星导航系统，该系统由 12 颗卫星构成，高度为 1 000 km，卫星运行周期为 105 min，分别发送 150 MHz 和 400 MHz 的导航信号。尽管第一代卫星导航系统将导航和定位技术推向了一个崭新的发展阶段，但它们仍然存在着明显的缺陷。这些系统卫星数目少，运行高度低，从地面站观测到卫星的时间间隔长，导致系统无法提供连续实时的三维导航，以及获得一次导航解所需的时间较长。因此第一代卫星导航系统在各方面的应用受到了很大限制。

（一）全球定位系统

鉴于子午仪导航系统存在的不足，1973 年美国国防部批准由 10 个单位组成联合计划局，提出全球定位系统（GPS）的方案。该系统由（24＋3）颗卫星构成，其中 3 颗是备用卫星。这些卫星分布在 6 个轨道平面上，每个轨道平面内分布有 4 颗卫星，在地球上任何一点都可以观测到 4~11 颗卫星。卫星轨道半长轴为 26 560 km，最大偏心率是 0.01，轨道倾角为 55°，高度为 20 200 km，每 12 颗恒星时沿近圆形轨道运行一周。GPS 的建成对导航和定位技术产生了巨大而深远的影响，它能够进行全球、全天候、全天时、多维连续定位，且精度不随时间变化，具有全球地面连续覆盖、精度高、功能多、实时定位速度快的特点，由于采用了数字通信的伪随机噪声编码技术，具有良好的抗干扰性和保密性。GPS 利用导航卫星进行测时和测距，具有在海、陆、空全方位实时三维导航与定位的能力。它是继阿波罗登月计划、航天飞机后美国的第三大航天工程。如今，GPS 已经成为当今世界上最实用，也是应用最广泛的全球精密导航、指挥和调度系统。

（二）"格洛纳斯"卫星导航系统

在 GPS 影响下，苏联独立研制了"格洛纳斯"卫星导航系统（Global Navigation Satellite System，GLONASS）。该系统的布局为 24 颗工作卫星和 1 颗备用卫星，分布在 3 个轨道面上，轨道倾角为 44.8°，长半轴为 25 510 km，卫星运行周期为 11h 15min 44s，总体布局与 GPS 卫星星座相当。多功能的 GLONASS 系统定位精度可达 1 m，速度误差仅为 15 cm/s，该系统还可为精确打击武器制导。GLONASS 的建成和公开化，打破了美国对卫星导航独家经营的局面，既可为民间用户提供独立的导航服务，又可与 GPS 组合提供更好的几何观测位置。GLONASS 与 GPS 都为第二代卫星导航系统。

(三)"伽利略"卫星定位系统

在 GLONASS 与 GPS 的成功后，欧洲提出了"伽利略"卫星导航系统计划。该系统由欧洲空间局和欧盟发起并提供主要资金支持，实现完全非军方控制与管理，旨在建立一个由国际组织控制的、经济高效的民用导航和定位服务系统。"伽利略"卫星导航系统计划由 27 颗工作卫星和 3 颗备用卫星组成，它们运行在中等高度地球轨道的 3 个平面上。预计"伽利略"系统可以为动态用户提供米级的定位精度，对于运行的火车、特种汽车、飞机着陆等对安全性有特殊要求的应用，伽利略系统具有得天独厚的优势，能够保证在许多特殊情况下为用户提供服务。

(四)"北斗"卫星导航系统

"北斗"卫星导航系统是中国自行研制的全球卫星导航系统。是继 GPS、GLONASS、欧洲"伽利略"卫星导航系统之后第 4 个成熟的卫星导航系统。"北斗"卫星导航系统由空间段、地面段和用户段 3 部分组成，可在全球范围内全天候、全天时为各类用户提供高精度、高可靠的定位、导航和授时服务，并具短报文通信能力，定位精度为 10 m，测速精度为 0.2 m/s，授时精度为 10 ns。中国已在 2000 年底完成了向国内提供服务的"北斗"一号系统，并于 2012 年底完成了向亚太地区提供服务的"北斗"二号系统，2035 年前还将建设更加泛在、更加融合、更加智能的综合时空体系。

"北斗"卫星导航系统是世界上第一个区域性卫星导航系统。与其他全球性的导航系统相比，它能够在很快的时间内，用较少的经费建成，并集中服务于核心区域，是十分符合我国国情的一个卫星导航系统。"北斗"导航定位卫星工程投资少，周期短，将导航定位，双向数据通信、精密授时结合在一起，因而有独特的优越性。"北斗"卫星导航系统除了在我国国家安全领域发挥重大作用外，还将服务于国家经济建设，提供监控救援、信息采集、精确授时和导航通信等服务。"北斗"卫星导航系统可广泛应用于船舶运输、公路交通、铁路运输、海上作业、渔业生产、水文测报、森林防火、环境监测等众多行业。

第二节　水上无人艇的捷联惯导技术

本节主要介绍惯性导航的基本概念，捷联惯性导航技术的基本原理、捷联惯性导航系统的组成等。

第六章 水上无人艇的导航与通信技术

一、惯性导航的基本概念

惯性导航（简称惯导）是一种不依赖任何外部信息，也不向外部辐射能量的自主式导航系统，具有隐蔽性好，可在空中、地面、水下等各种复杂环境下工作的特点。捷联惯导系统是在平台式惯导系统基础上发展而来的，它是一种无框架系统，由3个速率陀螺、3个线加速度计和微型计算机组成。平台式惯导系统和捷联式惯导系统的主要区别是：前者有实体的物理平台，陀螺和加速度计置于能使陀螺稳定的平台上，该平台跟踪导航坐标系，以实现速度和位置解算，姿态数据直接取自平台的环架；后者的陀螺和加速度计直接固连在载体上作为测量基准，它不再采用机电平台，而由计算机代为完成，即在计算机内建立一个数学平台取代机电平台，其飞行器姿态数据通过计算机计算得到。惯性元器件有固定漂移率，会造成导航误差，因此，远程导弹、飞机等武器平台通常采用指令、GPS或其组合等方式对惯导进行定时修正，以获取持续准确的位置参数，如采用指令＋捷联式惯导、GPS＋惯导。美国的战斧巡航导弹采用了GPS＋惯导＋地形匹配组合导航。

二、捷联惯性导航技术的基本原理

捷联惯导系统是将由惯性传感器构成的惯性测量组件直接装载在运载体上，通过计算机提供导航坐标基准，起到与稳定物理平台同等的作用。惯性传感器陀螺仪和加速度计直接测量的参数是运载体相对惯性坐标系沿运载体3个轴向的角速度和加速度分量，在这里3个轴向分别指的是东向、北向和天向。姿态矩阵的构造是根据陀螺仪的输出信息在计算机中实现的。陀螺仪和加速度计的输出均是相对于载体坐标系的，导航计算需在导航坐标系中进行。因此在构造好姿态矩阵后，需要将加速度计输出的加速度信息通过姿态矩阵转换到导航坐标系中，由导航计算机进行实时导航计算，最后得出运载体的位置、速度、姿态角等导航参数。

随着计算机技术的发展，计算速度和精度已经不再是制约捷联惯导系统发展的难题，惯性器件主要受制于制造工艺水平等。因此要想进一步提高捷联惯导系统的性能和精度，必须采用先进的系统技术，从系统的角度入手来提高捷联惯导系统的导航定位精度。

三、捷联惯性导航系统的组成

光纤陀螺从实验室到目前的部分实用化，经历了20年的发展过程。期间从开环陀螺到模拟闭环，再到数字闭环，检测电路由集成器件到大规模集成电路，再到光电一体的模块化设计，都体现着光纤技术和半导体技术的进步。随着光纤陀螺器件设计水平的提高，光纤陀螺也越来越成为人们关注的焦点。由于光纤陀螺敏感角速度的原理突破了陀螺这一古老的定义,人们期待着光纤陀螺能够克服以往机电陀螺在应用中的局限。作为惯性技术中的第三代陀螺,光纤陀螺具有机械陀螺所不具备的特点。它只需要5个元件,且主要为半导体和光纤器件,通过光纤传输来控制敏感角速度的变化。与机械陀螺不同,它不需要任何转动部件,就可实现全固态结构。由于光的传输速度及半导体器件的响应速度很快,光纤陀螺可实现快速启动。半导体和光纤的工艺特点决定了光纤陀螺很适合批量生产,不同元器件及方案的简单组合可生产不同精度的光纤陀螺,满足不同应用背景的需求,因此光纤陀螺具有如下固有特点:全固态结构,可靠性高,寿命长;启动速度快,响应时间短;测量范围大,动态范围宽;抗冲击,抗振动,耐化学腐蚀;体积小,质量轻,成本低;适合大批量生产。

(一)惯性测量单元

惯性测量单元由安装于三维空间正交支架上的常值漂移为 0.01 h 的 3 个光纤陀螺和 3 个零偏为 $5 \times 10^{-5} g$ 的加速度计以及相应的处理电路组成。信号处理电路集中布置,一体化设计,实时采集载体沿 3 个轴向的相对惯性空间的比力和角速率,并进行航向和姿态解算。

(二)温控装置

温控装置主要由温控箱体和温度控制模块(集成于显控装置内)组成,为惯性测量单元提供稳定的温度环境。温控箱体采用带有保温夹层的两层金属结构,箱体外壳镶嵌散热片,共同承担散热功能。内外壳体采用热绝缘螺栓固定,中间灌注聚氨酯保温泡沫,作为保温夹层。测温器件(铂电阻)与半导体制冷片控温器件直接嵌入在箱体夹层之中,通过电缆与温箱控制模块相连。温度控制模块包括单片机控制器和功率放大器,完成温度信号的采集、数字滤波、控制律解算及半导体制冷片控温器件的功率驱动。

第三节 水上无人艇的组合导航技术

本节主要介绍组合导航系统的组成、原理及常用的导航滤波算法。

一、组合导航系统的组成

组合导航系统通常是以惯导系统作为主导航系统,而将其他导航定位误差不随时间积累的导航系统,如无线电导航、天文导航、地形匹配导航、GPS 等作为辅助导航系统,应用卡尔曼滤波技术,将辅助信息作为观测量,对组合系统的状态变量进行最优估计,以获得高精度的导航信号。这样,既保持了纯惯导系统的自主性,又防止了导航定位误差随时间积累。组合导航系统在民用和军用领域均具有重要意义。

组合导航系统通常由以下几部分组成：

(1)导航子系统。导航子系统包括惯性、卫星、天文、雷达导航系统等各种导航设备，它们是组合导航系统的核心部件。

(2)控制电路。控制电路包括伺服回路、信号处理与控制电路，其功能主要是对传感器提供的信号进行处理，并转换为标准数字信息。

(3)模/数转换电路。模/数转换电路的功能主要是将处理好的数据转换为计算机能识别的数字形式。

(4)系统控制/数据处理模块。系统控制/数据处理模块的功能主要是系统工作流程控制，系统对准和导航参数计算，惯导与其他辅助导航计算，提供系统所需的各种频率时钟信号，对惯导系统等导航子系统的输出进行采样计数，对总线进行管理、数据交换和信息控制等。

二、组合导航系统的原理

组合导航系统作为一个多源信息融合系统，从信息的角度来讲，它是将各个导航信息源的量测信息和系统内已有的信息按照一定规则通过各种方法进行融合，形成状态的最优或次优估计，得到载体的导航信息。导航系统提供的信息主要是速度和位置。因此，组合的形式主要分为两种：一种是惯性-速度组合，就是把惯性导航系统的速度信息与另一种导航系统的速度信息组合在一起的导航系统；另一种是惯性-位置组合系统，就是把惯性导航系统的位置信息与另一种导航系统的位置信息进行组合的导航系统。从组合导航的实施方法上来讲，目前主要利用卡尔曼滤波技术进行状态估计和校正。

在组合导航系统的滤波结构设计中，采用卡尔曼滤波技术必须建立描述系统动态特性的系统方程和反应量测与状态关系的量测方程。根据卡尔曼滤波器所估计状态变量的不同，可以根据卡尔曼滤波器在组合导航中应用的不同，将其分为直接滤波法和间接滤波法。直接滤波法以各导航子系统的导航输入参数作为状态，实现组合导航的滤波处理。间接滤波法则以各导航子系统的误差量作为状态来实现组合导航的滤波处理。直接滤波法估计导航参数本身，而间接滤波法则估计惯导系统与其他辅助导航系统的误差量。图6-1和图6-2所示分别为直接滤波法和间接滤波法的示意图。从图中可得，直接滤波法的卡尔曼滤波器将惯导系统和其他辅助系统的导航信息作为测量值，经过滤波给出有关导航参数的最优估计值，而间接滤波法的卡尔曼滤波器则是将惯导系统和其他导航系统各自计算的某些导航参数之差作为测量值，经过滤波计算给出有关误差的最优估计值。

在组合导航系统的实际应用中，由于直接滤波法的系统状态方程通常是非线性方程，需要采用扩展卡尔曼滤波对非线性方程进行线性化处理，这给滤波器的设计带来了一定困难，而且参数估计的精度也不高，甚至有可能导致滤波发散。因此，在组合导航系统的设计中一般采用间接滤波法。根据使用方法的不同，间接滤波法又可以分为开环误差校正(输出校正)和闭环误差校正(反馈校正)两种形式，输出校正是将估计值作为惯性导航系统参数的校正量(见图6-3),反馈校正则是将估计值反馈到参与组合的各个子系统中,再将估计出的导航参数误差作为校正量,对惯导系统及其他辅助导航系统中的相应误差量进行校正(见图6-4)。

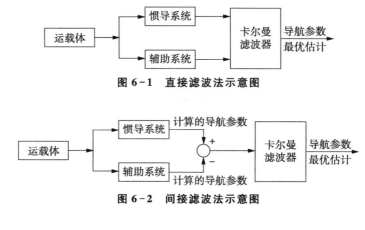

图6-1 直接滤波法示意图

图6-2 间接滤波法示意图

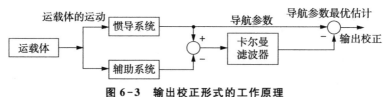

图6-3 输出校正形式的工作原理

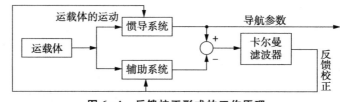

图6-4 反馈校正形式的工作原理

第四节 水上无人艇的无线电通信技术

本节主要介绍无线电通信技术的发展历史、无线电通信系统的基本组成、无线电通信技术的发展趋势等。

一、无线电通信技术的发展历史

早在19世纪70年代,无线电通信技术便已经出现,人们对无线电通信技术的研究也正式载入史册。1895年5月7日俄国物理学家波波夫以《金属屑与电振荡的关系》的论文向全世界宣布无线电通信技术的诞生,并当众展示了他发明的无线电接收机。1896年3月24日,波波夫将无线电通信的通信距离延长到250 m,做了用无线电传送莫尔斯电码的表演,为无线电通信技术拉开新的序幕。1898年,意大利青年马可尼利用游艇证明了他的无线电电报能够在20 mile的海面畅通无阻地通信,第一次实际性地应用无线电通信技术。1901年,他在相隔2 700 mm的英国和纽芬兰岛之间成功地进行了跨越大西洋的远距离无线电通信,从此人类进入使用无线电波进行远距离通信的新时代。伴随着电子技术的不断发展,为了满足社会对遥测遥感技术的需求,信息超远控制技术产生,并在短时间内得到了迅速推广和应用。紧接着,微电子技术产生,将其应用于电子计算机中可大大增加计算机的信息处理量,于是,电子计算机更新换代,并在这一时段得到了良好发展,逐渐成为信息处理不可缺少的一项工具。而无线电通信技术中所应用到的信息技术,其基础便是建立在微电子技术和光电技术之上,以计算机和通信网络为技术支撑,将电子计算机和通信技术结合起来,实现远距离通信。无线电通信技术从无到有,从早期发展到现在,融入了诸多先进技术,技术观念被不断打破、不断创新,技术缺点被不断发现、不断改进……直至今天,无线电通信技术积累了巨大的发展潜力,并且在军事、气象、工农生产、生活等各个领域都得到了广泛的应用。

二、无线电通信系统的基本组成

无线通信系统包括发送设备、传输媒体和接收设备。

(一)发送设备

发送设备包括以下3种:①变换器(换能器),将被发送的信息变换为电信号,例如话筒,将声音变为电信号;②发射机,将换能器输出的电信号变为强度足够的高频电振荡;③天线,将高频电振荡变成电磁波向传输媒体辐射。

(二)传输媒体——电磁波

在自由空间中,波长与频率的关系为 $c=f\lambda$,其中 c 为光速,f 和 λ 分别为无线电波的频率和波长,无线电波是一种频率相对较低的电磁波。对频率或波长进行分段,分别称为频段或波段。不同频段信号的产生、放大和接收的方法不同,传播的能力和方式也不同,因而它们的分析方法和应用范围也不同。

电磁波从发射机天线辐射后,不仅能量会扩散,接收机只能收到其中极小的一部分,而且在传播过程中,电磁波的能量会被地面、建筑物或高空的电离层吸收或反射,或在大气层中产生折射或散射,从而造成强度的衰减。根据无线电波在传播过程所发生的现象,电波的传播方式主要有绕射(地波)、反射和折射(天波)、直射(空间波)。决定传播方式的关键因素是无线电信号的频率。

沿大地与空气的分界面传播的电波称为地表面波,简称"地波",绕射传播。传播途径主要取决于地面的电特性。地波在传播过程中能量逐渐被大地吸收,很快减弱(波长越短,减弱越快),因而传播距离不远。但地波不受气候影响,可靠性高。超长波、长波和中波无线电信号,都是利用地波传播的。短波近距离通信也利用地波传播。

天波是利用天空的电离层折射和反射而传播的电波,也称为天空波。电离层只对短波波段的电磁波产生反射作用,因此天波传播主要用于短波远距离通信。天波传播有两个突出特点:传播距离远,同时产生中间静区地带;传播不稳定,随昼夜和季节的变化而变化。因此,短波通信要经常更换波段,以保证质量。

空间波又称为直射波,是由发射点从空间直线传播到接收点的无线电波。直射波传播距离一般限于视距范围。在传播过程中,它的强度衰减较慢,超短波和微波就是利用直射波传播的。在地面进行直射波通信,其接收点的场强由两路组成,一路由发射天线直达接收天线;另一路由地面反射后到达接收天线。如果天线高度和方向架设不当,容易造成相互干扰(如电视的重影)。限制直射波通信距离的因素主要是地球表面弧度、山地和楼房等障碍物,因此超短波和微波天线要求尽量高架。

(三)接收设备

接收是发射的逆过程,接收设备包括:①接收天线,将空间传播到其上的电磁波转化为高频电振荡;②接收机,将高频电振荡转化为电信号;③变换器(换能器),将电信号转化为所传送信息。

三、无线电通信技术发展趋势

(一)提高系统频谱资源的利用率

维持信号上的稳定,避免通信信号受到干扰,增大了系统通信容量,提供语音、图像和数据等多种通信服务,确保用户信息安全。

(二)推广通信信息技术宽带化的发展

信息的宽带化对光纤传输技术和高通透量网络的发展起到了关键的推进作用,尤其近年来在世界范围内全面展开,无线通信技术正朝着无线接入宽带化的方向演进,这个方向对无线电通信信号源稳定来说非常重要。

(三)推广个人信息化技术

个人信息化在全球个人通信中已经有着不争的发展趋势。个人信息化能够有效减小传输路线的信息量堵塞,大幅度提高通信的传播速度。

(四)创新接入网络的样式

技术上融合实现固定和其他通信等不同业务,在无线应用协议出现以后,无线数据业务的开展得到了大幅度推动,促进了信息网络传送多种业务信息的发展。随着市场竞争的需要,传统的电信网络与新兴的计算机网络融合,尤其具备开发潜力接入网部分通过固定接入、移动蜂窝接入,满足了生活与生产的各种通信需求。

(五)过渡电路交换网络

对于过渡电路交换网络,IP 网络无疑是核心关键技术,是最合适的选择对象,可使交换网络处理数据的能力电路大大提升,解决了信号容易受到干扰的难题。

第五节 无人艇的卫星通信技术

本节主要介绍卫星通信的基本概念及主要应用。

一、卫星通信的基本概念

卫星通信系统根据业务及技术实现方式,大致可分为卫星移动通信系统和卫星固定通信系统。卫星移动通信系统主要由移动通信卫星、信关站(或称关口站、关口地球站)终端、核心网和运控系统组成。移动通信卫星可以是同步轨道卫星(如海事卫星),也可以是非同步的中低轨道卫星(如铱星)。信关站类似于地面移动通信网中的基站,其与移动通信卫星间的链路称为馈电链路,使用卫星固定业务频率(如 C 波段和 Ku 波段),在通信过程中,信关站要始终保持对星(如使用定向天线),信关站与核心网设备相连,进而接入公网中。终端一般位于卫星天线形成的某一波束(类似于地面移动通信网中的小区)中,其与移动通信卫星间的链路称为接入链路,使用卫星移动业务频率(如 L 波段、S 波段),在通信过程中,终端不要求对准卫星。在具有多个信关站的情况下,一般由运控系统统一进行资源分配。卫星固定通信系统一般由空间段(通信卫星)、地面段(关口站和地球站)、跟踪遥测及指令分系统和监控管理系统 4 大部分组成。通信卫星主要起无线中继站的作用,通过星上转发器转发地球站的信号。跟踪遥测及指令分系统对卫星进行跟踪测量,并进行轨道修正和位置姿势保持。监控管理系统对通信性能进行监测和控制,以保证本系统正常通信,并符合不同卫星通信系统间的协调要求。关口站是卫星通信系统的核心,负责卫星通信系统与公众网的连接,提供传输信道,关口站可以认为是一种特殊的地球站。地球站负责将来自地面网络的信息发送到卫星,并接收来自卫星的信息,并将这些信息传送给相应的地面网络用户。

二、卫星移动通信系统应用

目前，主要的卫星移动通信系统有"北斗"卫星、海事卫星（Inmarsat）、欧星（Thuraya）、铱星（Iridium）和全球星（Global Star）通信系统。下面主要介绍"北斗"卫星、海事卫星和铱星的应用。

"北斗"卫星导航系统致力于向全球用户提供高质量的定位、导航和授时服务，包括开放服务和授权服务两种方式。开放服务是向全球免费提供定位、测速和授时服务，定位精度为 10 m，测速精度为 0.2 m/s，授时精度为 10 ns。授权服务是为有高精度、高可靠卫星导航需求的用户提供定位、测速、授时和通信服务以及系统完好性信息。

"海事卫星"移动通信系统由空间段、网控中心、网络协调站、卫星地球站和卫星终端组成。空间段指在轨道中运行的海事卫星。网控中心设在英国伦敦总部，负责监测协调和控制网络内所有卫星的操作运行。同时，网控中心还对各地球站的运行情况进行监视，协助网络协调站对有关运行事务进行协调。在每个洋区至少有一个地球站兼作网络协调站，并由网络协调站来完成该洋区内卫星通信网络必要的信道控制和分配工作。其任务是分配语音类信道和高速数据信道；在一个公共申请信道上转发收自岸站电传信道上的分配信息；对所有终端发布国际移动卫星业务通告；有线处理遇险信息。卫星地球站介于通信卫星和陆地通信网之间，实现路上用户与移动站之间的通信，常建在海岸附近，故常称为岸站。北京国际移动卫星地面站是我国唯一的一座国际移动卫星系统地面岸站。卫星终端是指安装在船舶和飞机上的卫星地球站终端，以及手持机等，也是用户使用的设备。在不同的业务应用中，卫星终端可能是机载站、手持机等。

"铱星"移动通信系统的最大特点是，通过卫星之间的接力来实现全球通信。它与目前使用的静止轨道卫星通信系统相比较有三大优势：①轨道低，传输速度快，信息损耗小，通信质量大大提高；②铱星系统不需要专门的地面接收站，每部移动电话都可以与卫星联络，这就使地球上人迹罕至、通信落后的边远地区和自然灾害现场都变得畅通无阻；③真正意义上的全球无缝隙覆盖，相比于地球同步轨道卫星通信系统，铱星不仅可以覆盖南北纬 70°之间的区域，还能完全覆盖高纬度极地区域，且通信效果尤佳。

第六节 水上无人艇的数据链技术

一、数据链的基本概念及特征

数据链有很多名字：标准密码数字链、战术数字情报链、高速计算机数字无线高频/

超高频通信战术数据系统、联合战术信息分发系统、多功能信息分配系统、用于战术互通和态势认知的系统。

数据链通信系统可弥补语音信道拥挤、信号失真等问题,降低工作负荷。

二、常用数据链的结构形式

(一)单网时隙结构

将1天划分为112.5个时元,每个时元又划分成12 s长的64个时帧,每个时帧又分成1 536个时隙,每个时隙长为7.812 5 ms,用于数据传输(见图6-5)。在一个信号周期中,时隙被依次编入3个时隙组即A组、B组和C组。每组共包含32 768个时隙。此编号也称作时隙索引号,通常一个信号周期的时隙按交替方式进行编号。

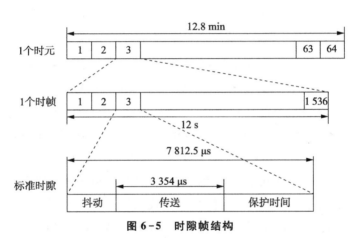

图6-5 时隙帧结构

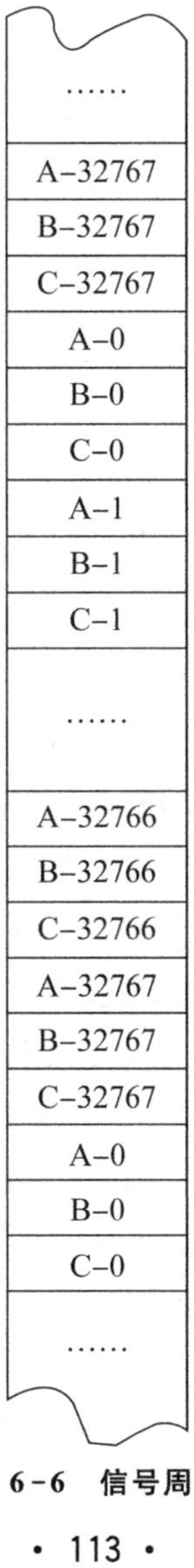

每个时隙组的时隙与其他组的时隙按下列重复顺序交替编排每个信号周期,都是以时隙号C-32767结束,并按这种编排顺序重复排列,如图6-6所示。

当三军联合战术信息分发系统(Joint Tactical Information Distribution System,JTIDS)工作在模式1下时只允许使用时隙分区A-0~A-14(包括16 384个时隙),B-1~B-14(包括16 384个时隙),C-0~C-12(包括4 096个时隙)和C-4~C-14(包括2 048个时隙)。这种对时隙限制的每单位时间内允许的脉冲数称为时隙效率系数TSDF。JTIDS系统中每个终端最多可使用网络时隙的40%。这种限制使得本来就不多的网络资源更为贫乏,因此单一网络时隙结构不能满足系统传输战术数据信息的要求,需要建立多重网络。

图6-6 信号周期

(二)多重网时隙结构

多重网络是若干个单一网络叠加形成的网络。多重网络结构可设想成是由 98 304 个时分构成的圆柱体,通过设定不同的网络编号就可以方便地建立起多重网络。这些网络的时隙相互同步,因此某个网络中的一个时隙与其他网络中所对应的时隙完全一致,这样的多重网络结构的每个信号周期包含 98 304 个"时分",这种多重网络结构允许若干个参与组在相同时隙内相互独立地交换报文。网络编号用 7 位数表示,因此最多有 128 个网络。跳频图案由网号、传输保密密码变量和时隙号共同决定。这些不同的跳频图像保证了各个网相互独立和不同,使得它们并行操作。网络多重化的最普通形式是层叠网和加密网。

三、数据链的新发展

数据链技术作为当今军用信息技术的核心,从其登上军事舞台开始,就引起了各国的高度关注。

在 20 世纪 50 年代,战术协同需求催生数据链。美国海军为解决舰(主要是航母)机协同问题,研制出了第一台数据链设备:LINK4。早期的 LINK4 功能有限,技术简单,只是单向传输信息,作战飞机只能接收信息。在 20 世纪 70 年代,实现点与点双向互联。继 LINK4 之后,美国于 20 世纪 60 年代又开发出了 LINK11 数据链。LINK11 可以利用各种现役的 HF 和 UHF 电台,使用轮询协议组网,数据速率一般不高于 2 500 bit/s。LINK11 主要用于舰船之间、舰船与飞机之间,舰队与岸上指挥机构之间的情报交换。

在 LINK4 的基础上,美军从 20 世纪 70 年代末期开始发展了 LINK4A/C 两套系统,采用半双工方式实现了双向通信,并于 1983 年形成战术数字信息链传输技术标准。LINK4A 数据链工作在特高频频段,采用频移链控调制方式,使用命令/响应协议以及时分多路传输技术,数据速率为 600~5 000 bit/s,基本上无保密和抗干扰能力,主要用于海军对舰载飞机的指挥引导。LINK4C 从 20 世纪 80 年代开始装备,采用与 LINK4A 大体相同的技术体制,增加了抗干扰措施。LINK4A/C 是用于引导和被引导飞机之间传送指挥引导命令和目标数据,在超短波信道传输串行时分多路信号。

在 20 世纪 90 年代,具备跳扩频与抗干扰能力的 LINK16 诞生,它是一种双向、高速、保密、抗干扰的数据链,传输监视和武器控制等八大类信息。LINK16 大大地扩展了 LINK11 和 LINK4A/C 的信息流量,工作在 960~1 215 MHz 频段,传输速率为 28.8~238 kbit/s,采用 TDMA 方式组网,具有跳扩频相结合的抗干扰方式,跳频速率为 76 900 次/s,具有语音/数据加密传输、抗干扰、组网灵活和无中心节点等特点,能同时支持大约 30 个网络工作,网内成员多达上百个甚至更多,在采用大功率对流层散射信道的条件下能够覆盖 (480×960) km² 的区域。每个成员利用一个或多个分配的时隙依次发送信息,并可通过中继实现超视距数据传输。

未来，保密传输与抗干扰性能更优。LINK22是北约组织共同开发的下一代数据链系统，也称为北约组织改进型LINK11。LINK22有两大设计目标，即取代LINK11，并在信息格式上与LINK16兼容。因此，LINK22采用了由LINK16衍生出来的信息标准，以及LINK16的结构和协议。同时，LINK22在其高频和特高频工作频段上采用跳频工作方式来提高抗干扰能力，其通信距离为300 mile，主要用于海军舰艇的数据传输。LINK22是一个保密、抗干扰的战术数据通信系统，采用TDMA或动态TDMA组网控制，最大可以支持不同的传输媒介的40个网络同时运行，支持F系列和F/J系列报文的传输与转换。在数据传输方面，LINK22同时支持JTIDS和单音LINK11的数据传输方式，在特高频波段采用JTIDS体制，传输速率为12.6 kbit/s，在高频波段采用单音LINK11的传输体制，传输速率为500~2 600 kbit/s。

除了上述几种数据链外，法国军方研制的W链、意大利研制的"ES"链等，其基本性能和功能都与LINK11相同，主要工作方式为点名询问，仅在传输帧格式上有所不同。以色列自行开发了ACR-740数据链，该型数据链还增加了一种载波监听多路访问（Carrier Sense Multiple Access，CSMA）方式。另外，俄罗斯也在各个时期发展了自己的数据链系统和装备。

第七章　水上无人艇的多体协同技术

第一节　多水上无人艇协同技术基础

多水上无人艇协同系统并不是简单地将多个水上无人艇放在一起，而是由多个单独的水上无人艇通过互相通信组成复杂系统，它能够通过感知环境的变化进行内部交流，从而采取集体行为来完成复杂的任务。实现多水上无人艇协同需要多种技术的融合交叉，需要多种底层基础技术做支撑，如通信技术、智能控制、避碰等。

一、通信技术

多 USV 或 USV 与控制台之间需要将传感器记录的位置、姿态信息及其他任务指令等通过无线链路信道，实现信息传递与共享。一个稳定、实时、可靠的通信网络是实现多水上无人艇协同的前提。

(一)无线通信技术

USV 之间或者 USV 与控制台之间的通信需要使用无线通信，该通信方式存在艇与艇之间或者艇与控制台之间的显式数据转移与交换，因此又称为显式通信。显式通信对其所搭配的软、硬件系统有较高的要求，系统的信息传输应具有多种协议、多条链路和多种方式，且具有高带宽、实时性强以及较强的抗干扰能力，这样才能完成隐式通信无法完成的复杂任务和协作策略。若通信量太大，则会导致较长的网络延时和局部通信冲突，影响通信的质量。

在通信网络中，通信系统存在的延时是无法避免的，在很多情况下不得不考虑通信延时所带来的影响，如导航定位的通信延时造成的位置误差，控制系统的通信延时造成控制的精准度下降等。对于传感器较多，时间延时较短，量测无序的网络系统，一般可利用鲁棒理论或状态量补偿对随机延时模型进行预测和补偿来解决。因此，水上无人艇的协同通信的质量与数量是一对矛盾，我们应根据具体的协同任务场景与需求，权衡利弊，制定相应的通信方案，在保证通信数据量及信道足够的同时，也保证通信的质量。

(二)信息融合技术

协同通信使 USV 之间形成某种特定的网络,使各艇之间能够实现信息共享,但由于传感器数据存在误差,共享的信息不一定是正确、有效及一致的,如何对感知的环境进行信息融合是信息处理的关键。例如在探测未知目标时,我们需要将多艘艇的目标探测信息(距离、方位等)通过一定的算法进行滤波处理,剔除其中的错误、矛盾和无效信息数据,最终得到更为精确的目标方位,从而构建整个区域内的探测目标分布情况。

信息融合具体指将来自多个传感器的多源信息进行综合处理,从而分析出精确、可靠的结论。不同类型的传感器得到的信息类型不同,信息融合技术充分利用各个传感器的资源,将不同传感器的信息根据一定的优化准则组合起来,消除了可能存在的冗余和矛盾的数据,并在信息间加以互补,降低不确定性,从而得出对环境的相对完整、一致的感知描述,为智能系统的最优决策和规划提供有力的保障。信息融合关键技术包括以下几种:

(1)数据转换。采集信息格式不一样,要转换数据格式,统一数据格式,才能进行处理。

(2)数据相关。传感器信息存在一定的偏差,该技术可以提高智能体采集信息的准确性,提高信息可靠性。

(3)态势数据库。态势数据库分为实时数据库和非实时数据库,为大数据分析的基础。

(4)融合计算。对多传感器采集信息及多源信息进行检验分析、补充、取舍、修改和状态跟踪估计,实时根据当前信息进行计算,及时修改综合态势,为多智能体获得完整环境信息。

二、智能控制技术及控制体系

(一)智能控制技术

自动化控制是水上无人艇自主航行的基础,水上无人艇需要控制舵角和电机转速来改变航向和速度,以此实现其对于规划路径的跟踪。智能控制技术是一类无须人的干预就能自主控制的技术,涉及人工智能、控制理论、传感器技术和计算机科学等多门学科。智能控制解决了依赖于数学模型且任务比较单一的传统控制理论难以解决的复杂系统控制问题。如 USV 的航行控制及协同控制模型就是一个不确定、高度非线性、具有复杂任务需求的控制模型。应用智能控制技术和自动控制理论来实现 USV 的运动及协同控制,将有力地推动 USV 智能化的发展。

(二)控制体系

对于多 USV 协同系统,选用一个恰当的控制体系是至关重要的,它影响着 USV 的协同效率和作战效能。USV 控制体系可分为集中式控制、分布式控制和混合式控制三大类。其中，集中式控制是选用一艘综合性能或软硬件配置较高的 USV 作为母艇，在母艇上完成协同任务数据分析的处理，并将其发送给其他子艇来进行任务部署，其他艇在执行任务的过程中再把信息回传给母艇，让母艇集中，综合再处理。因此对母艇的软硬件系统要求较高，对子艇的软硬件系统要求较小，这种方式虽然协调效率高，但一旦主控 USV 产生故障，将直接导致整个系统的瘫痪，其自主性和鲁棒性差。分布式控制是指 USV 之间都有各自的数据处理、分析和决策的权力，可以更多地按照自身的情况执行任务。由于各艇之间是独立的，所以有较好的容错能力和可扩展性，但多个艇间的协调效率低，容易产生局部冲突，从而影响协同的整体效能。混合式控制则是兼顾了以上两种方案特点的折中方案。

需要强调的是，控制体系的选取是与通信网络技术相关联的，在大多数情况下，由于船舶间通信信道和通信范围有限，并不能保证每个 USV 都能与其他 USV 进行直接通信。基于这种通信条件的限制，船舶的协同编队控制往往采用分布式控制的方法，这样减少了通信量，每艘船只要参照与它邻近的船作为其地理位置依据即可。

三、避碰

当多 USV 执行协同任务时，若多艘艇的任务区域被划分在同一区域，则 USV 之间的避碰是不可忽略的，任何两艘 USV 之间都要保持最小的安全距离，以防止对整体造成破坏。除此之外，协同避碰还指当一艘艇发现障碍物时，其通过 USV 间的通信网络将障碍物的位置方向、速度等信息告知其他 USV，从而避开危险区域，提高协同效率。

避碰分为两类，一类是 USV 之间或 USV 与其他船舶的避碰，一类是 USV 与静态障碍物或动态障碍物的避碰。若船舶之间信息共享，前者一般可以根据相应的船舶避碰海事规则，或者自己制定的 USV 间的避碰规则来实行避碰，而后者因为障碍物方位的随机性与未知性，避碰更需要依赖于先进的传感器来探测获得障碍物的准确信息。常用的避障传感器有红外防碰撞传感器、超声波传感器、激光测距仪等。基于避障传感器，衍生出了许多避障算法，应根据不同的传感器性能，选择不同的避障算法，如基于激光传感器的动态避障算法，它按照一定准则将扫描区域分为 4 个区来进行避障：紧急区域、避障区域、减速区域、行走区域。根据障碍物的特点，也可以将其分成不同的类型，如外凸型、内凹型和孤岛型，以便于避碰时的相应处理。

为了获得更全面的信息，多个避障传感器可以配合使用，因为单一的传感器获取信息有限，如激光测距仪在盲区范围内量测数据无效。我们可以采用基于多传感器信息融合的避碰策略来避免上述问题，根据应用的需求可以分为 4 种信息融合的结构：集中式、分布式、反馈式、混合式。信息融合是避碰的技术基础，它是按照一定的规则优化信息，为避碰提供更有价值、更为精准的障碍物信息。

第二节 多水上无人艇协同任务规划

协同任务规划是实现多水上无人艇协同控制的关键技术,它可以分为协同任务分配和协同路径规划。协同任务分配是综合考虑各 USV 自身的性能和任务的重要性,将不同的子任务分配给合适的 USV,使得多 USV 协同系统完成全部任务时收益最大。协同任务分配处于智能决策的上层,将决定下层协同路径规划的策略。协同任务分配的难点在于如何动态地组织和分配任务给各 USV,以及面对新的任务或环境改变时,如何重新分配任务,合理地调整路径规划。协同路径规划是指在考虑在一定条件的约束下,多艘 USV 可以以最短且最安全的路径完成一个最优的任务目标。类似于多 UAV 和多 UUV,常见的路径规划算法有 Voronoi 图形法,人工势场法,快速扩展随机树算法和解决旅行商问题的蚁群、粒子群、鱼群等群算法。协同搜索是一个典型的需要多水上无人艇协同执行的任务类型,本节对协同搜索策略进行了详细介绍,同时对其他任务执行场景进行了简单介绍,最后对协同任务优化进行了简要说明。

多 USV 协同任务规划问题可以用一个五元素 $\{E, V, T, C, F\}$ 描述,E 代表任务环境,$V=\{V_1, V_2, \cdots, V_m\}$ 代表 USV 集合,$T=\{T_1, T_2, \cdots, T\}$ 代表任务集合,C 是约束条件集合,F 是目标函数集合。基于五元素可以构建 USV 群体协同任务规划模型,为任务分配和航路规划提供坚固的基础。合理的任务分配会提高多 USV 执行任务的效能并更好地完成任务。有效的航路规划可在规避障碍物的前提下,使航路更短、安全性更强。

一、多水上无人艇协同路径规划

对于多 USV 航路规划,它和多 USV 协同任务分配是密切相关、相互影响的。在任务分配结束后,每艘 USV 都有自己要执行的任务序列,这些任务序列告诉了 USV 要去执行哪些任务,以及执行任务的先后顺序。在任务分配后,多水上无人艇的协同可以依据任务策略分解为单个水上无人艇的路径规划,单个水上无人艇的路径规划在前文中已经介绍,这里不再赘述。

二、多水上无人艇协同搜索

对于重要的港口、海岸或是训练水域而言,水面安全都是一个应引起足够重视的问题。对这些水域进行搜索,可以形成有效的监视与侦察,并将可疑情况及时反馈回岸基。在完成这类任务时,单一的 USV 携带的任务模块、能源系统和感知系统有限,很难在一次出航的情况下完成整个任务。多个 USV 携带不同设备和载荷,通过区域划分,可以将各自有限的资源充分利用,同时,也扩大了一些传感器的感知范围,而且将形成庞大的水面通信网,使得岸基与 USV 之间的通信更为紧密,各司其职,高效地完成协同搜索任务。然而,多个 USV 进行协同搜索任务时,势必要考虑到各自的有效路径和协调问题,否则,协同搜索会事倍功半。对于每个 USV 来说,最短的航行路径意味着航行时间最短和能源损耗最低。考虑到水上无人艇在执行搜索任务时最主要的路径约束就是回转半径,这与 UAV 在飞行时产生最短路径的约束是转弯半径或有限的曲率很相似。因此,这里引入 UAV 路径规划中经典的 Dubins 路径:最简单形式的路径是由直线段和常曲率圆段组成,将这些直线段和圆弧连接起来就会产生一条连接空间两位姿点间的飞行器最短的运动。Dubins 路径的定义为,在最大曲率的限制下,平面内两个有方向的点间的最短可行路径为 CLC 或 CCC 路径,或是它们的子集。其中,C 表示圆弧段,L 表示与圆弧相切的直线段(见图 7-1)。在很多文献中,Dubins 路径最短都给出了数学证明,这里不再展开。基于 Dubins 路径主要提出平行协同搜索、分批次协同搜索和象限协同搜索 3 种协同搜索策略。

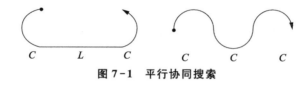

图 7-1 平行协同搜索

(一)平行协同搜索

平行协同搜索是以搜索区域(默认为矩形区域)横向边界为多个 USV 出发端,初始航向平行于该区域的纵向边界,USV 同时向另外一个横向边界平行航行搜索,当航行至搜索区域边界时再做回转运动,平行于原航路返回。每艘 USV 的完整航路都是一个 Dubins 路径。各 USV 沿同一方向平行进行搜索,每艘 USV 之间互不影响,同步作业。考虑到摄像、激光测距传感器和声呐等设备的搜索范围限制,为保证相邻的 USV 得到的感知信息重复率低,覆盖密度高,多个平行作业的 USV 在航行至搜索区域纵向边界返回时,需要统一回转方向,统一向右(或向左)进行回转返回。此外,为保证搜索区域没有盲点,USV 的最大定常回转半径需小于侧扫声呐水平扫描范围,通常小型船用侧扫声呐的水平扫描范围为 50~100 m,因此本节提出的新型 USV 的回转性能可以满足这一要求。如图 7-2 所示,设 N_{USV} 为完成协同搜索任务所需的 USV 个数,d 为单艘 USV 侧扫声呐的水平扫描范围,那么相邻的每艘 USV 出发时的横向间距则为 $4d$,USV 结束搜索时的终点分别位于每艘 USV 起点右侧的 $2d$ 处,若该搜索水域的横向距离为 B,纵向距离为 L,则有

$$N_{USV} = B/(4d)$$

该协同搜索策略主要的适用条件为:$B \gg L$,即适用于横向距离较大的搜索区域。

第七章 水上无人艇的多体协同技术

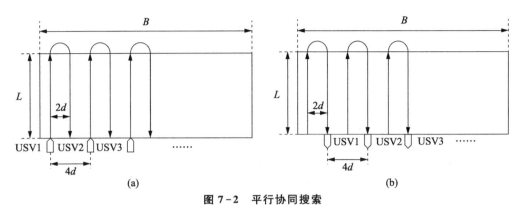

图 7-2 平行协同搜索
(a)平行协同搜索开始；(b)平行协同搜索结束

(二) 分批次协同搜索

分批次协同搜索是首先将搜索区域（默认为矩形区域）左右对称划分为两个子区域，然后每个子区域里再沿纵向划分为 n 个单元，为显著区分，左右区域里各单元自下而上分别记为 $L_1, L_2, \cdots, L_n; R_1, R_2, \cdots, R_n$。每一批次 USV 的出发点，位于横向距离的垂直平分线的垂足左右两侧 d 处，左右下方边界顶点为 USV 结束任务的终点。每一批次由两艘 USV 同时出发，两艘 USV 的横向间距为 $2d$。第一批次的两艘 USV（USV1 和 USV2）同时出发，航行至 $L_1、R_1$ 和 $L_2、R_2$ 边界时，分别向左、右回转，对 L_1 和 R_1 单元区域进行搜索，如图 7-3(a)所示。在第一批次的 USV 到达 L_1 和 R_1 边界进行第一次回转时，第二批次的两艘 USV（USV3 和 USV4）同时出发，航行至 $L_2、R_3$ 和 $L_4、R_4$ 边界时，分别向左、右回转，对 L_2 和 R_2 单元区域进行搜索，如图 7-3(b)所示；在第二批次的 USV 到达 L_2 和 R_2 边界进行第一次回转时，第三批次的两艘 USV（USV5 和 USV6）同时出发，航行至 $L_3、R_3$ 和 $L_4、R_4$ 边界时，分别向左、右回转，对 L_3 和 R_3 单元区域进行搜索，如图 7-3(c)所示，以此类推，在第 $n-1$ 批次的 USV 到达 L_{n-1} 和 R_{n-1} 边界进行第一次回转时，第 n 批次的两艘 USV 同时出发，航行至整个搜索区域的纵向边界时，分别向左、右回转，对 L_n 和 R_n 单元区域进行搜索。以上各批次 USV 在各自搜索单元区域内的路径均为多个 Dubins 路径的组合。每艘 USV 完成单元区域搜索后，航行至搜索区域的左右边界处，沿纵向返回，如图 7-3(d)所示。

每一艘 USV 在各自单元区域内进行搜索时，其 Dubins 路径的直线段之间的距离为 $2d$。设 Dubins 路径直线段的个数为 N，为保证单艘 USV 在完成单元区域搜索时能沿纵向边界航行至终点，这里需要保证 N 为奇数，N 的具体取值根据各单元区域的大小而定。显然，该协同搜索策略所需的 USV 个数与单元区域个数相同，即

$$N_{USV} = 2n$$

分批次协同搜索策略主要的适用条件为：$L \gg B$，即适用于纵向距离较大的搜索区域。

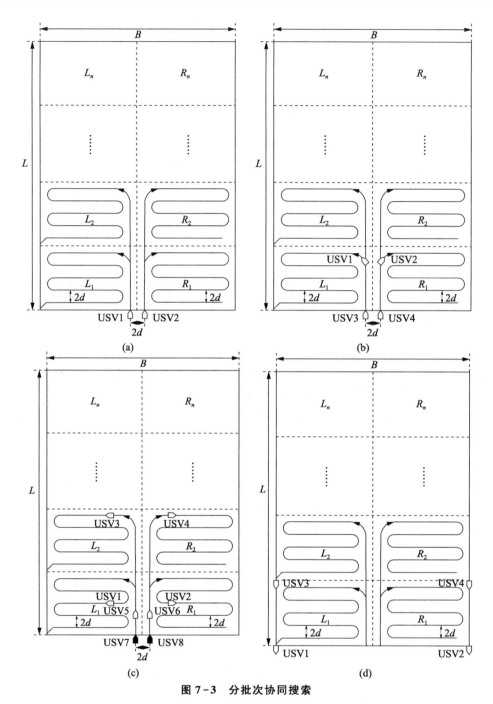

图 7-3 分批次协同搜索

(a)分批次协同搜索开始；(b)分批次协同搜索时刻 1；(c)分批次协同搜索时刻 2；(d)分批次协同搜索结束

(三) 象限协同搜索

以上两种策略的不同之处为：平行协同搜索是多艘 USV 同步、同时地进行搜索；分批次协同搜索是相对应的左右单元内的两艘 USV 同步，但多批次的 USV 之间不同时地进行搜索。两者整体上均是从搜索区域的某一边界出发，向对面另一边界方向进行协同搜索作业，这样的策略更适合港口或海岸区域的协同搜索。而对于海洋或水域中的某区域进行协同搜索任务，很可能突然发生在 USV 编队航行的过程中。这里提出一种象限协同搜索策略，并以一个由 5 艘 USV 组成的倒 V 形航行编队进行说明。该编队中，相邻每艘 USV 的横向距离均为 $2d$，纵向距离均为 $2d$。当该编队在航行至某一时刻时，基站工作人员对领航 USV(USV1)下达水域搜索任务。USV1 在进行分析以后，将指令分别传递给随航 USV(USV2，USV3，USV4 和 USV5)，各 USV 收到信息后再反馈给领航的 USV1。此时，以领航 USV1 发布指令的位置坐标点为中心，将原航行方向看为 y 轴，与其正交的方向为 x 轴，将其四周的搜索区域划分为一、二、三、四象限，如图 7-4(a)所示。参考美国航母战斗群的展开队形，提出的具体策略为：领航水上无人艇 USV1 将继续直航，对横向距离为 $2d$、纵向距离为 $L/2$ 的区域进行搜索，停驻终点位于该搜索区域上边界的中点。距离中心较近的 USV2 和 USV3 沿原来的航迹继续向前，其中右侧的 USV3 将驶入第一象限，进入第一象限后向右转向，然后对该象限内的区域进行搜索，搜索结束后 USV3 的终点位于距离 USV1 停驻点的右侧 $2d$ 处。航行路径为多个 Dubins 路径的组合，每个 Dubins 直线段之间的距离为 $2d$，但与分批次协同搜索中 N 的取值恰好相反，这里需要保证 N 为偶数，其终点为 a 轴上领航 USV 右侧的 $2d$ 处。同理，与中心相距较近的左侧的 USV2 在第二象限的搜索路径与之左右对称，其终点位于 USV1 停驻点的左侧 $2d$ 处。对于初始位置距离中心较远的左侧的 USV4 来说，在反馈接收信息后，将向左打舵，按 Dubins 航行路径对第三象限进行搜索，Dubins 路径直线段的个数为 N，仍然为偶数。与第一、二象限不同的是，在完成最后一个回转运动后，该 USV 将沿接受指令前的航向航行，并穿越第二象限，其终点位于 USV1 停驻点左侧 $4d$ 处。同样地，与中心相距较远的右侧的 USV5，其搜索区域为第四象限，搜索路径与第三象限的 USV 的路径左右对称，其终点位于 USV1 停驻点右侧 $4d$ 处。以上过程，5 艘 USV 是同步、同时进行搜索任务。在结束象限协同搜索策略以后，5 艘 USV 的队形由倒 V 字形变为一字形，但通过调整仍可恢复倒 V 字形编队，并继续航行，等待下一指令，如图 7-4(b)所示，则阴影部分的面积 S 为

$$S = 4d(L-4d)$$

实际上在第三、四象限的 USV4 和 USV5，其搜索面积并不是整个象限，相比于 USV2 和 USV3，少搜索了 $S/2$，即 $2d(L-4d)$。因为阴影部分水域在领航 USV 下达任务前，该编队的搜索范围已经覆盖了此区域。象限协同搜索策略主要适用于航行过程中的倒 V 形 USV 编队在接到任务指令后进行的分区域搜索。

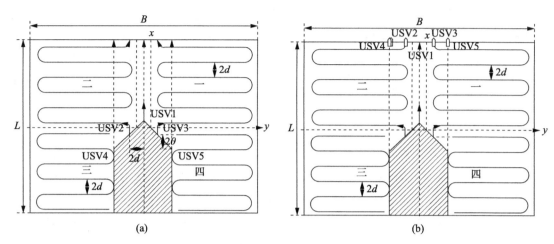

图 7-4 象限协同搜索
(a)象限协同搜索开始;(b)象限协同搜索结束

三、多水上无人艇协同任务执行场景

(一)协同水文气象监测

近年来我国研制的"精海"系列、"郑和101号"和"天象一号"水上无人艇,均以水文或气象测量作为其主要功能。葡萄牙、意大利、日本等国家公开报道的一些水上无人艇也具有海洋勘测勘探、检测地震等功能。可见,水上无人艇在水文和气象信息的监测、收集和应用方面已展现出一定的优势。2008年,英国爱丁堡大学的学者研究发现,地球表面的温度与海洋云层的亮度变化有关。因而他们提出一个大胆的设想:打造一支由1 500艘USV组成的编队,通过USV编队寻找合适的海域,然后将直径不足$1\mu m$的海水液滴用USV上的鼓风机喷向天空,通过增加云层的表面积,形成更多"白云",反射更多太阳辐射,从而给局部海域降温。这说明,应用多USV在水文气象领域协同作业已经得到了相关科研人员的关注,并且有望在未来实现。

水文信息主要包括水温、水质、潮位、盐度、海浪、海流、水下地形地貌和地震波;气象信息主要包括气温、空气湿度、气压、能见度、风速和风向。但单一的水上无人艇平台和空间有限,很难搭载所有测量仪器,使其独立完成所有水文气象信息的收集。况且,仪器过多地布置在同一艘USV上,增大了USV核心控制器的工作负荷,也必然增大了各仪器的维护成本和风险。然而,多艘USV协同作业,无疑将扩大艇载平台。面对复杂或恶劣的水面环境,机动灵活、抗倾覆性能高的USV将最大限度地取代人为监测操作,获取工作人员所需的数据和样本。同时,多USV作业提高了水文气象监测的效率,安装有不同测量设备的异构 USV 可以更有针对性地完成水文和气象信息的相关实时监测任务，监测结构如图 7-5 所示。

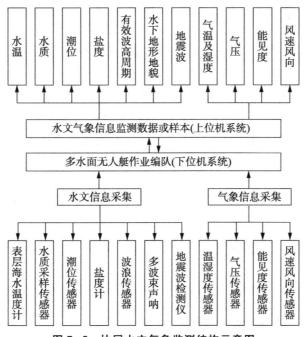

图 7-5 协同水文气象监测结构示意图

(二) 其他任务场景的协同作业

无独有偶，在 2014 年 8 月，美国海军在弗吉尼亚州詹姆斯河进行了一次 USV 的"蜂群"作战演示，实施了对"可疑船只"的包围与拦截，保护本方船只安全撤离，成功完成了协同护航作战任务。

在未来，随着水上无人艇智能化和自主化程度的提高，USV 协同作业可实现的功能也将呈现多样化：扫描水雷，探测深潜器，探测可疑蛙人，海上情报收集，监视与侦察，水面活动靶标，水面巡逻，海洋调查，海底测绘等。多艘异构 USV 面对这些不同的任务场景，可进行协同作业，将在军民领域真正做到低投入、高回报。

四、协同任务优化

多无人艇协同任务规划对 USV 有限的资源进行分配和调度，本质上是一个协同决策与优化问题。由于单架 USV 平台的能力有限，使用多架不同类型的 USV 组成异构机群协同执行任务将是未来 USV 应用的主流形式。面对日益复杂的战场环境和战场任务，任务规划是执行多 USV 协同任务，扬长避短，优势互补，发挥群体协同优势，避免个体不足，提升系统效能，实现任务最佳效果的有效手段。

众所周知，优化问题是现代理论与技术中的一个重要方面，对优化问题的描述、建模与求解是 20 世纪应用数学的重大进展之一。对优化问题的处理，首先需要将问题进行抽象与建模，然后使用合适的寻优算法求解，最终获得满足要求的最优解。然而，由于现实应用中的影响因素很多，为简化建模过程，往往假定一个典型应用场景，重点考虑某些重要影响因素建立数学模型。多 USV 协同任务规划问题就是这样一种复杂的优化问题。由于现实战场环境复杂且战场任务的多样性，USV 型号及特性各异，目标特性与任务要求亦各不相同，目前尚无普遍适用的方法能使用单一的数学模型和算法对任务规划进行求解。而且，在多 USV 艇群的指挥调度过程中，需要对任务执行效能或代价进行量化评估，涉及任务执行方式、多 USV 航路生成与协调、效能评估等多个方面，这进一步加大了任务规划问题的强耦合特性。为求解该复杂耦合优化问题，目前主流的方式是采用层次分析法将规划问题进一步分解成多个子问题，从而降低问题的耦合性，使问题建模与求解更简捷。

第三节　多水上无人艇协同导航与控制技术

一、多水上无人艇协同导航技术

在现代应用中，单个无人水面舰艇无法完成复杂的工作，必须通过相互配合才能完成一些特殊的任务，例如进行大面积的水面搜索救援，协同导航技术在此背景下应运而生。近年来随着人工智能、传感器技术以及微型计算机技术的发展，USV 协同导航技术在军事和民用领域得到了广泛的关注。多 USV 在编队航行过程中，测量传感器受水面环境等因素的影响，还必须适应水面环境，便于数据共享与处理。

多 USV 进行协同导航作业时有下述特征：

(1) 多 USV 之间需要保持一定的安全距离，避免碰撞。

(2) 大部分 USV 只配备了低精度的导航设备，用于测量自身的运动状态，并进行航位推算。

(3) 少部分 USV 配备高精度导航设备，并通过共享自身高精度导航信息资源，校正低精度导航设备的航迹推算误差。

(4) USV 具有相应的通信能力，相互之间可以通过通信装置进行通信和相互测距。

水上无人艇进行航位推算时，大多选用低精度的传感器组成航迹推算系统，例如用微电子机械系统(MEMS)陀螺提供的航向和多普勒速度仪(Doppler Velocimetry，DVL)提供的速度进行航迹推算，协同导航过程中采用的高精度校正装置可以是卫星和惯性仪器的组合全球定位系统辅助惯性制导(Global Positioning System/Inertial Navigation System，GPS/INS)，也可以是多普勒速度仪和惯性仪器的组合(DVL/INS)。USV 装备不同的导航装置，会产生不同的误差，对导航定位精度产生不同的影响，实际使用中往往根据其具体应用环境，建立相应的协同导航系统数学模型。在协同导航过程中，USV之间的相互观测是一种数据融合形式，以此使自身的导航信息与其他USV共享。随着科学的进步与发展，水上无人艇之间的通信变得更加方便、快捷。USV进行编队协同导航时，根据单艇的传感器配置可以将协同导航系统分为并行式和主从式两种。在并行式协同导航系统中，编队内部USV配置的传感器和各自起的作用完全相同，它们使用自身的传感器进行独立的导航定位，利用通信设备在编队内共享的定位信息，实现艇间通过数据融合技术协同定位。在主从式协同导航系统中，USV按照自身携带的传感器精度分为领航艇和跟随艇两种，携带高精度传感器的领航艇进行组合导航，配备低精度传感器的跟随艇进行航迹推算，通过共享领航艇的高精度导航定位信息，可以实现对跟随艇的导航定位信息进行校正。同时，大量低精度传感器的应用大大降低了整个水面舰艇编队的成本，当某些USV由于某种突发原因丧失独立导航能力时，协同导航技术可以在一定程度上恢复这些USV的导航能力，在一定程度上提高整个编队的导航定位精度。主从式的协同导航模式降低了成本，同时定位精度又与并行式协同导航系统相当，故成为协同导航领域主要的研究方向。此外，利用非线性的滤波算法进行数据融合可以比传统的线性化处理办法获得更高的协同定位精度。

由于GPS、无线电等通信手段容易被屏蔽和干扰，因此本节选用水声设备来进行艇间通信，水上无人艇均利用GPS来提供初始位置并进行时间同步。协同定位过程中，USV之间利用水声设备进行测距和传递自身定位信息，在一次协同定位过程中，领航艇声呐首先向跟随艇发送通信请求，当跟随艇声呐接收到请求后，立即发送具有测距功能的脉冲信号，领航艇声呐接收到跟随艇发送的脉冲信号后，根据信号传输时间延迟原理可自动解算出艇间距离，同时将解算出的距离信息和自身的高精度定位信息以数据包的形式一次性发送给跟随艇，跟随艇将数据包中的信息同自身航迹推算结果进行融合便可实现协同定位。协同定位技术可以有效提高跟随艇的定位精度，但是在实际应用中面临着一些亟待解决的问题，水声设备的通信周期和通信质量在很大程度上影响着协同定位的效果。由于水声设备的通信周期通常较长，完成一次测距和通信过程大约需要15s，而且水声通信容易受螺旋桨尾流等因素的影响而导致信息无法顺利传递，这就需要跟随艇在两个协同定位周期之间以及数据包传输失败的情况下进行独立的航迹推算来进行弥补，另外，由于单独的航迹推算无法长时间提供精确的定位参数，需要通过协同定位来对跟随艇定位信息进行校正，这在一定程度上说明了协同定位技术的优势，同时，为低精度导航设备真正走向实际应用提供了一个很好的研究方向。

水上无人艇在编队航行中，只利用一艘领航艇进行协同定位的情况称为单领航艇协同模式。如果编队中有多艘USV装备了高精度的导航设备，则可以采用多领航艇协同模式。其协同定位实际上是由多艘领航艇分别在短时间内相继与跟随艇进行协同定位来实现的，双领航艇协同模式协同定位原理如图7-6所示。

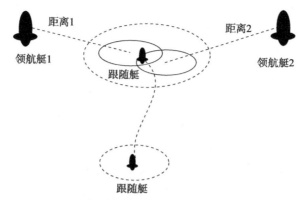

图 7-6　双领航艇协同模式协同定位原理示意图

在协同定位过程中，领航艇 1 和领航艇 2 分别同跟随艇进行水声通信与测距，跟随艇将接收到的不同领航艇的定位信息和距离信息同自身的定位信息进行融合实现协同定位。通过与两艘领航艇分别进行协同定位，跟随艇自身的航迹推算误差（图 7-6 中用虚线椭圆表示）可以限制在两个比较小定位误差内（图 7-6 中分别用两个实线椭圆表示）。由几何原理可知，两个实线椭圆相重叠的部分为双领航艇协同定位所限制的定位误差范围。相比单领航艇协同模式，多领航艇协同模式定位精度更高，但是实际应用中多领航艇协同也面临一些问题。例如，在一次双领航艇协同定位过程中跟随艇分别与两艘领航艇进行协同定位，如果与第一艘领航艇的协同定位过程耗时过久，会导致与第二艘进行协同定位时因跟随艇已运动出一段距离而引入一定的误差，不过由于现代水声通信技术的改进以及多领航艇协同模式在定位原理上的明显优势，多领航艇协同模式仍然是协同导航领域研究的重点。

二、多水上无人艇协同控制技术

受大自然生物界某些现象的启发，如大雁的迁徙飞行往往是采用 V 队形或者一字队形。大雁在飞行过程中，空气会在其扇动翅膀时形成漩涡，增加飞行阻力。但当它们采用 V 形编队时，这种漩涡恰好可以被后方的大雁利用，使其飞行阻力减小，从而节省体能，完成迁徙。当单只蚂蚁无法搬运食物时，蚁群将通过协调共同搬运食物。类似于生物界，对多运动体组成的系统研究也进入了人类的研究领域。

对于一个多 USV 协同系统，其核心是控制体系。参考多无人机系统，多个水上无人艇组成的协同控制体系也可分为集中式、分布式和混合式 3 种。集中式控制是将 1 艘综合性能较高的 USV 作为母艇，经过分析处理后把信息传递给其他各子艇，进行任务部署；分布式控制是每艘 USV 都具有独立接收命令与分析的能力，可以按各自的意愿决定动作。前者虽然协调效率较高，但若主控 USV 产生故障将直接导致整个系统的瘫痪，因而这种控制方式的自主性和鲁棒性都比较差；后者由于各 USV 之间可以进行相互通信，所以有较好的容错能力与可扩展性，但多艘 USV 的协调效率较低，容易产生局部冲突，全局性较差。因此，将以上两种控制方式结合起来就形成了较理想的混合式控制体系，它兼顾了集中式与分布式的优点，敏捷性、灵活性、可靠性、持续性和鲁棒性较好，能够很好地满足多 USV 协同作业的需要。

多 USV 协同编队至少由 3 艘水上无人艇组成。在执行任务时，任何两艘 USV 之间都要保持最小的安全距离，防止碰撞。避碰不仅是指避免 USV 之间或 USV 与其他船只产生碰撞，而且包括避免 USV 和障碍物的碰撞，因此它又分为基于传感器信息的静态避碰与基于未知环境的动态避碰。静态避碰，要求在 USV 导航系统中增设激光测距仪、雷达、多波束前视声呐和侧视声呐等设备，从而对水面或水下的障碍物进行监测，再反馈给 USV 控制中心。动态避碰是指在未知的环境中往往会存在多个甚至是可移动的障碍物，USV 在避开一个障碍物以后，必须要迅速做出反应并重新规划航迹避开下一个障碍物。由于实时性和连续性，目前 USV 的动态避碰存在一定难度。

多无人艇协同控制涉及软硬件及其整合等多个方面，其中一个核心课题就是任务的规划问题，它直接决定如何在各 USV 个体间进行工作任务分配和执行，以在多种复杂因素影响下最大化系统效率。目前国内外已经有以 USV 协同任务规划问题为主题的学术论文，接下来我们将主要按照该问题的发展脉络进行综述和分析。

在对多无人艇协同任务规划的研究中，首先必须明确其研究的任务背景，再根据该任务背景要求做进一步的分解与细化，确定 USV 可以完成的工作，进而根据任务指标并考虑某些因素进行问题建模与求解。协同任务规划问题以多 USV 系统总体性能最大化或代价最小化为指标，其一般形式为将若干工作指派给多个 USV 执行。因为现实中存在着极其多样化的任务背景以及复杂的影响因素，所以目前存在的任务规划方法无不是针对特定的任务背景进行研究的。

由于多 USV 协同任务规划问题的复杂性，一般采用分层控制（Hierarchical Control）的方式将其分解成决策层、协调层、执行层等若干个子问题，再对这些子问题进行求解，从而降低解决这个复杂问题的难度。如 Boskovic 等人提出将任务规划问题分解成决策层（Decision Making Layer）、路径规划层（Path Planning Layer）、轨迹生成层（Trajectory Generation Layer）和内环控制层（Inner-Loop Control Layer）4 个层次。其中，决策层负责多 USV 系统顶层的任务决策、避障、冲突消解、任务重分配和指标评估等；路径规划层负责任务执行中的运动规划，生成航路点，以引导 USV 规避威胁、障碍等；轨迹生成层则负责根据 USV 的状态、输入和初始条件等，为 USV 生成通过航路点的可行路径；内环控制层则保证 USV 准确地沿着生成的轨迹航行，并进行一定的冗余管理以降低干扰等因素的影响。这些研究结果表明，这类分层控制的思路可以很好地梳理和降低多 USV 协同决策与控制中的复杂性，是解决该问题的有效手段。

有了分层控制的思路之后，需要对多机协同任务规划问题进行建模与求解。从数学角度看，该问题属于一类复杂的组合优化问题，需要对多 USV 艇群内各个成员进行任务指派和资源分配。对该优化问题进行建模与求解的方法有很多种,大致可以分为集中式和分布式两类。从发展的时间来说,集中式的发展早于分布式,但由于分布式在动态、不确定的场景下和实时性要求等方面的适用性更广泛,因此人们对它的研究热情有大涨之势。

(一)集中式任务控制方法

集中式控制方法的特点是在系统中存在一个中心节点,由它完成整个系统的任务指派和调度、协调等工作,USV 仅充当任务执行者的角色。在集中式的处理过程中,问题建模和求解这两个方面有着较为清晰的界限。将多 USV 协同任务规划问题抽象成组合优化问题的形式,需要借助图论,把问题参与者,包括 USV 和任务对象(如地面目标)等抽象成图的节点,而一个 USV 以某种状态对一个对象执行任务的过程则抽象成图的边,再引入二元决策变量,把这个复杂的规划问题描述成一个有向图的形式。实际上不管集中式还是分布式都存在着问题抽象的过程。然后,可以采用现有的方法对该问题进行建模,并使用某种合适的搜索算法对这个有向图搜索以确定最优解。

(二)分布式任务控制方法

分布式任务控制方法很多是基于市场机制的合同网协议。史密斯(Smith)在 1980 年首次提出将合同网协议用于分布式问题求解。该方法的基本思想是将任务分配过程视为一个市场交易的过程,通过"拍卖—竞标—中标"的市场竞拍机制实现分布式系统内部工作任务的指派和调整。当一个系统成员产生新任务时,如发现新目标,可以向系统中的其他成员发布市场拍卖合约,其他成员则对该合约进行评估,如果可行则向拍卖者回复自己执行该合约的代价,合约拍卖者收到竞标者的价码后,进行评估,选择合适的执行者,进行任务指派。这样,一个基本的市场交易活动即大致完成。有研究结果表明,基于市场机制的合同网协议在分布式问题求解中有着较大的优势。其原理简单直观,易于实现,且执行效率高,已在包括多 USV 协同决策与控制在内的多个领域广泛研究和应用。

三、多水上无人艇协同路径跟踪

协同路径跟踪是一个典型的 USV 协同控制问题,对于多 USV 编队而言,协同路径跟踪策略具有重要的研究价值。路径跟踪是指当 USV 跟踪一个期望的速度剖面时,从任意初始位置收敛到一条预先规划好的航行路径上,并沿此路径航行。这里,空间和时间的目标是分离的,即期望的路径仅由与时间无关的曲线参数决定。

(一)协同直线路径跟踪

多 USV 编队的组成结构通常为,由一艘综合信息处理功能强大的 USV 作为母艇,其他若干艘功能各异的 USV 作为子艇。母艇的作用是辅助岸基工作人员,传递或下达命令给编队中其他各子艇。子艇的作用是执行任务,并反馈信息给岸基或母艇。以一个 3 艘 USV 组成的编队为例,母艇 USV-M 上载有处理信息的小型工作站,该艇型的特点是分析能力强,航行性能一般。两艘子艇 USV1 和 USV2 体积小,机动性强,但推理与决策能力一般。当预先设定的航行路径为直线时,路径曲率 $cc_i=0$,设定两条期望的直线航行路径 P_L 和 P_F 平行,两子艇在各自的初始位置,向预定路径上收敛,完成协同路径跟踪。

图 7-7(a) 所示为策略 1 的情景状态。母艇 USV-M 停靠在岸边,USV1 和 USV2 的初始偏航角 θ_1,$\theta_2 \in \left[0, \dfrac{\pi}{2}\right]$。信息从母艇传递给两艘子艇。USV1 和 USV2 接到命令后,将驶向期望的直线路径。策略 1 的特点是,人与无人系统的联络较为紧密,工作人员通过对操作岸边一艘停驻的母艇 USV 工作站,就可以决策其他多艘 USV 的行为,从而实现对 USV 编队协同路径跟踪的全局控制。但该策略对通信范围有一定限制,主要适用于在距离岸边不远水域内的 USV 编队,停驻状态下的一艘母艇 USV 传递信息给多艘子艇 USV 进行协同训练。

图 7-7(b) 所示为策略 2 的情景状态为。母艇 USV-M 在航线 L 上做直航运动,当母艇接到工作人员的指令后,将信息传递给子艇 USV1 和 USV2。两子艇将驶向平行于母艇航线 L 的两条期望的直线路径。USV1 的初始偏航角 $\theta_1 \in \left[0, \dfrac{\pi}{2}\right]$,USV2 的初始偏航角 $\theta_2 \in \left[-\dfrac{\pi}{2}, 0\right]$。与策略 1 中母艇仅起到传递信息的中转站作用不同,在策略 2 中,USV 编队中的母艇和子艇均处于航行状态,且不受到水上无人艇与岸边通信距离的限制。母艇不仅具有传递岸基指令的能力,而且具备在航行过程中独立下达指令的能力,决策子艇对期望路径的协同跟踪。该策略适用于航行状态下的 USV 编队,母艇指挥多艘子艇 USV 进行协同训练或协同巡逻。

图 7-7(c) 所示为策略 3 的情景状态。母艇 USV-M 在做自主巡航的过程中,若在监测视线范围 α 内发现可疑目标 T 后,发出危险预警,同时决定派出机动性更强、快速性更好,甚至是携带轻型武器的两艘子艇 USV1 和 USV2 对可疑目标 T 进行协同跟踪。母艇 USV-M 将在可疑目标左右两侧规划出两条直线航路,两条路径与可疑目标移动的路径 l 平行。子艇 USV1 和 USV2 在获取位关系。USV1 的初始偏航角 $\theta_1 \in \left[-\dfrac{\pi}{2}, 0\right]$,USV2 的初始偏航角 $\theta_2 \in \left[\dfrac{\pi}{2}, \pi\right]$。策略 3 中,USV 编队中的母艇具备较强的水面监视与侦察能力,但面对突然发现的威胁,母艇的决策是派出多艘子艇对可疑目标进行夹击,完成协同路径追踪。该策略适用于巡逻状态中的母艇 USV,母艇在发现潜在威胁时,指挥多艘子艇 USV 进行协同追踪,并在必要时刻进行水面拦截或攻击。

以上 3 种协同直线路径跟踪策略中,每艘子艇 USV 的初始偏航角可为 $\left[-\dfrac{\pi}{2}, \dfrac{\pi}{2}\right]$ 范

围内的任意角度。这样，在每种策略中，各子艇 USV 可以有多种不同初始偏航角的组合，这里不再一一赘述。

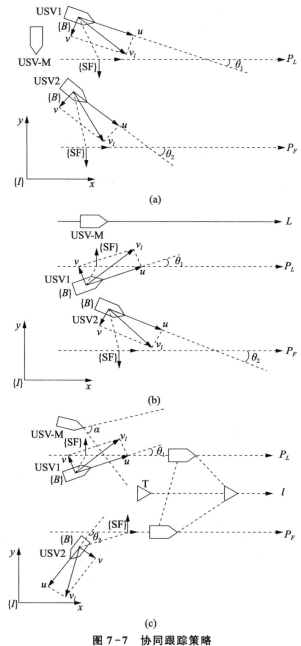

图 7-7 协同跟踪策略

(a)策略 1 示意图；(b)策略 2 示意图；(c)策略 3 示意图

(二)协同圆形路径跟踪

以两艘 USV 组成的小型编队为例，当预先设定的航行路径为同心圆时，$cci=1/R$，

USV1 和 USV2 将各自向不同直径的同心圆轨迹收敛，并绕圆心做定常回转运动，如图 7-8 所示。该策略的任务场景为，某重要的载人舰船（如大型军舰、油船或化学品船等）停驻在海上，即停在协同圆心路径跟踪的"圆心"位置。通过释放小型的 USV 编队在其周围进行协同圆形路径跟踪，可以对载人舰船周围水域中潜在的水雷或其他威胁进行排查，对可疑目标进行拦截，并将巡查情况实时反馈回载人舰船，从而确保载人舰船在海上停泊时其周围环境的安全。为保证更高的作业效率以及不留盲区，两艘 USV 从载人舰船的两侧分别出发，其中，距离载人舰船近的一艘 USV，它的期望航迹直径需大于载人舰船的船长的 10% 以上，以免发生碰撞的危险。

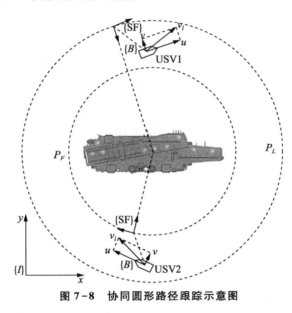

图 7-8　协同圆形路径跟踪示意图

第八章　水上无人艇的发展方向

第一节　波浪滑翔器

无人波浪滑翔器(Unmanned Wave Glider, UWG)作为一种新型、波浪能推进的海洋无人航行器,它具有超长航时、自主、零排放、经济性好等突出优点。它能长期、自主地执行环境监测、水文调查、气象预报、生物追踪、远程预警和通信中继等作业任务,因此UWG在军民领域皆具有广泛的应用前景。在这种背景下,近十年来UWG技术成了国内外的一个研究热点。本节主要介绍波浪滑翔器的推进机理、发展现状和发展方向等。

一、推进机理

波浪滑翔器由水面浮体(简称"浮体")、波浪推进器(或水下滑翔体,简称"潜体")并用柔性脐带(简称"柔链")连接组成。波浪推进器(Wave Glide Propulsor, WGP)装有若干对铰接的水翼(鳍翼),它产生的推进力正是UWG的动力来源。在持续波浪环境中,当浮体随波浪下降时,WGP受重力下沉,使水翼后端向上翻起,反之,浮体随波浪上升时,WGP被柔链拉起而上升,水翼后端下翻。水翼随波浪的上下交替拍动就像一条鱼的尾鳍摆动那样推动WGP前进,并通过柔链拉动浮体前进,从而实现UWG的向前航行。

UWG的推进机理为:UWG的浮体在波浪力的持续激励下运动,同时浮体通过柔链传递的拖曳力驱使波浪推进器做滑翔运动(类似鱼鳍摆动过程),而波浪推进器在流体动力的作用下,以纯机械方式将波浪力部分转化为前进推力,从而驱动UWG持续航行。值得注意的是,波浪推进器利用纯机械方式将波浪能直接转换为推进力,而使得UWG在波浪环境中无须任何动力牵引,得以长时间航行和作业。

当前对波浪滑翔器推进机理研究主要有两种策略:①仿生推进,在波浪的持续激励下,波浪推进器上串列水翼做升沉和拍动耦合运动,进而产生前进推力,与鱼鳍摆动过程非常相似,即属于一类特殊的水下仿生推进模式,一些研究者试图从仿生推进角度进行波浪推进机理分析;②波浪能利用,考虑到波浪滑翔器航行动力来自波浪能的捕获和直接利用,部分学者基于规则波假设和能量守恒原理,从宏观角度探讨波浪推进机理问题。

在仿生摆动翼研究中,多数学者均假定水翼做周期性耦合运动,即水翼摆角运动与升沉运动同步耦合进行,两自由度运动在一个周期内运动时间相等且均等于周期时长。然而

第八章 水上无人艇的发展方向

波浪推进器的运动过程同常规仿生摆动翼有着显著区别,表现为波浪驱动波浪推进器运动时,水翼受环境流场的影响,其运动方式将发生改变(呈脉动状态),即在一个周期内,水翼做摆角运动时间与其升沉运动时间不相等。水翼在整个运动周期内均做升沉运动,而摆角运动则发生于运动周期的某一时间段内的摆动翼,即属于一种异步摆动翼。

二、国内外研制现状

对波浪滑翔器的研究始于 2005 年,当时它被开发用于监听和记录鲸鱼的声音。在 2007 年,Hine 等人成立了 Liquid Robotics 公司,波浪滑翔器被确定为科研、商业和军事的多功能平台。由于它能够将海洋中无穷无尽的波浪能转化为自身前进的推力而无须提供额外的助力,为部署海洋仪器提供了一种全新的解决方法,也使得对各种海洋能的利用以一种新的概念来进行。目前波浪滑翔器已广泛地用于各种与海洋有关的科学研究和考察活动。波浪滑翔器所具有大范围、长航时、智能化、清洁的突出航行优势,为其带来了广阔的应用前景,并引起世界范围内科研工作者极大的研究兴趣。

鲸鱼爱好者 Hine 和 Rizzi 为了追踪考察游经附近海域的驼背鲸,于 2005 年发明了一款能依靠波浪能提供前进推力,从而能在海上连续工作数月的自主监测装置,这成了波浪滑翔器的雏形。两年后专注于波浪滑翔器的设计、生产和推广的 Liquid Robotics 公司在美国成立。目前,该公司研发了 Wave Glider 系列波浪滑翔器,包括 SV2 和 SV3 两种型号,其中,SV2 是世界上首款实现了产品化的波浪滑翔器平台,SV2 的改进型号 SV3 有了更大的负载能力和实时数据采集与处理能力,航速也有所提升。作为一种通用的无人传感器搭载平台,SV 系列 UWG 能按照使命要求,携带测速声呐、拖曳声呐、水下摄像机、温盐深测量仪、水听器、生物或化学检测仪等多种设备。

2007 年,Wave Glider 系列波浪滑翔器向人们展示了其在极端环境中的生存能力。在 Flossie 飓风期间,研究者甚至将波浪滑翔器投放在风眼附近,波浪滑翔器在试验中不但成功地生存了下来,并且精确地测得了飓风相关的气象数据。

美国国家海洋和大气管理局(National Oceanic and Atmospheric Administration, NOAA)和 Liquid Robotics 公司于 2009 年合作进行了一项时间长达一年的科研项目,试图更好地了解全球海洋对碳的最大吸收能力。他们在一个改装过的波浪滑翔器上安装了二氧化碳分压传感器 MApCO,pH 和 CTD 传感器,以测定全球海岸和开放海域海水中碳的摄入量和相关参数,传感器配置如图 8-1 所示。

2011 年 11 月,4 个 Wave Glider 系列波浪滑翔器从旧金山出发,开始执行横渡太平洋的航测任务。2012 年 12 月 6 日,Liquid Robotics 公司宣布其经过一年多的航行圆满完成了行程长达 9 000 n mile 的跨太平洋航行任务,创下了机器人自主行驶路线最长的世界纪录。大量海洋试验结果表明,它能在海洋中长期、可靠、自主地航行。

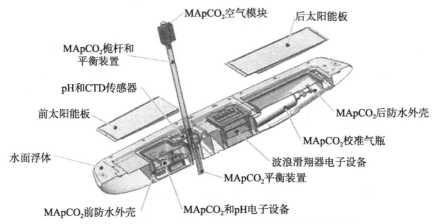

图 8-1 测量 CO_2 含量时波浪滑翔器上装载的传感器

2013 年，石油巨头 BP 公司购买了一批波浪滑翔器，并布置于 BP 在墨西哥湾的采油设备周围，用于检测在"墨西哥湾漏油"事件后钻井设备周围海洋植物的复苏状况。波浪滑翔器不仅在海洋科学、海洋工程领域获得了广泛应用，而且逐渐受到了美国等西方军事强国的关注，并试图被用于军事领域。Liquid Robotics 公司瞄准潜在的多种军事需求，推出了面向军用的 SHARC 型波浪滑翔器。

2010 年，美国海军研究局在夏威夷和加利福尼亚海岸，检测了波浪滑翔器在不同环境中对命令的执行能力。2010—2012 年，美国海军斯坦尼斯空间中心进行了一系列验证，成功验证了波浪滑翔器的远航和数据收集能力。其中利用波浪滑翔器拖曳被动声学拖体和线列阵，进一步验证了海洋水下声学目标特性的侦察能力。

北约海事研究和试验中心在"2013 骄傲曼塔"军事演习中，对波浪滑翔器进行了测试，评估其作为新型反潜平台的可行性，利用波浪滑翔器在海洋环境中的自主侦察能力，收集相关海洋信息，并实时获取情报。

据报道，Wave Glider SV3 已经被包括美国在内的多国海军投入使用。美海军部署波浪滑翔器以执行以下任务：情报监视与侦察、水下地形测绘、反潜战（多个系统组成拖曳阵列）、水下通信中继器、数据链接中继器等。

目前，国内针对波浪滑翔器技术已开展了一些研究，主要研究机构有哈尔滨工程大学、国家海洋技术中心、中国船舶重工集团 710 研究所、中国科学院沈阳自动化研究所等。现国内波浪滑翔器研究仍处于起步阶段，虽然已开发出多型样机并开展了海上试验，但距离工程应用和产品化还有差距。

刘鹏等[①]基于计算流体力学理论并结合仿生推进原理，开展了波浪滑翔器推进机理研究。通过求解 RANS 方程，计算了串列布置的二维水翼在异步摆动运动方式下的水动力

---

① 刘鹏，苏玉民，刘焕兴，等. 串列异步拍动翼推进性能分析[J]. 上海交通大学学报，2014，48(4)：457-463.

性能，分析了摆幅角、翼间距、翼型等关键设计参数对各翼性能的影响，以及不同工况下翼间流场扰动情况，并给出串列翼之间的涡系分布情况，探讨了翼间涡系干扰对各翼性能的影响。然而计算中假设浮体对波浪是完全响应的，这与浮体及其系统运动实际情况有较大差异。在此研究基础上，胡合文[①]考虑了波浪中浮体响应特性对系统推进性能的影响，基于三维势流理论计算获得频域中波浪滑翔器浮体在波浪中垂荡运动响应，进而获得水下滑翔器的水动力性能，探索出一种使用 AQWA 和 FLUENT 软件相结合的计算方法，对波浪滑翔器在典型工况下的推力性能进行了定量化的评估，试图更系统、真实地进行波浪推进性能分析。

哈尔滨工程大学廖煜雷等自主研制出"漫步者Ⅰ号"波浪滑翔器原理样机，并在国内率先完成了水池拖曳、自由航行等标准化水动力试验研究。试验中以规则波模拟海上波浪环境，系统地测试了一级海况下波高、波长对其推进性能的影响；试验中样机在波高 0.2 m（一级海况）下航速达到了 0.85 kn（国外产品一级海况航速为 0.5 kn）；试验结果表明所研制的波浪滑翔器样机航行能力较强，系统研究方案具有可行性，并积累了大量宝贵试验数据。通过试验结果与理论计算结果的比较验证了理论分析方法的有效性，两种结果显示波高的增加能够提高串列翼推进器的推力，而波长的增加则能提高其推进效率。

田宝强等[②]进行了波浪滑翔器驱动原理分析，并简化推导了驱动力计算公式。结合波浪理论从能量转化角度建立了运动效率分析模型，分析了波高、波浪周期和水翼转角对运动效率的影响，研制了一个试验平台，利用浮体携带电机上下往复拖曳水下潜体运动，以近似模拟波浪中水下潜体的深沉运动，开展了系列试验研究，试验分析了波高、周期、摆幅角 3 个参数对波浪能利用效率的影响。然而，这种试验方法是基于水面浮体对波浪运动完全响应的假设，这与实际的系统航行状态不符，且忽略了波浪等环境扰动力对波浪滑翔器运动的严重影响。

Jia 等[③]利用 FLUENT 软件分析了水翼的翼型、分布间距和摆角对其水动力性能的影响，分析了参数倾角 θ 的水动力特性，总结了关键参数变量调整时其水动力性能的变化规律。模仿 Wave Glider 制造了一台推进效率测试装置，利用电机升降直接驱动潜体往复升沉的方式对滑翔器在波浪中的运动响应进行简单模拟，开展了样机水池试验，试验测得在模拟一级海况下其最高航速为 0.3 kn。然而，分析中只考虑了常稳态下水翼的水动力性能（即水翼保持在最大静止攻角处，且海水垂向流速不变），实际上受水动力和重力的作用，水翼摆动是一个动态变化过程，这样处理忽略了水翼运动对水动力性能的影响，同时，海水垂向流速也呈周期动态变化，导致数值计算结果与实际情况具有较大差距。

---

① 胡合文.波浪滑翔机的水动力分析[D].哈尔滨：哈尔滨工程大学，2015.
② 田宝强，俞建成，张艾群，等.波浪驱动无人水面机器人运动效率分析[J].机器人，2014，36(1)：43-48.
③ JIA L J, ZHANG X M, QI Z F, et al. Hydrodynamic analysis of submarine of the wave glider[J]. Applied Mechanics and Materials, 2014, 834: 1505-1511.

李小涛[1]考虑到波浪滑翔器前进所需能量全部来源于对波浪能量转化的事实，从波浪能利用的角度，宏观地分析了系统的总体设计参数。基于 Airy 微振幅波理论分析了波浪滑翔器的运动原理，认为波浪滑翔器是利用表层水粒子振幅和深层水粒子振幅的差异引起的波浪能差，并将此波浪能差直接转化为前进推力，分析了潜体水翼在上下起伏过程中的受力状态，得出只要有波浪带动浮体上升和下降，潜体就会受到向前的动力，从而带动浮体也向前运动。在假设波浪能利用效率为 10% 的条件下，获得了不同海况下的量化推进力，并对浮体、潜体总体参数进行了初步分析。

Zheng 等[2]在对波浪推进器水翼静应力分析的基础上，初步比较了几种因素对水翼的影响。通过仿真与计算结果的比较分析表明，当水翼攻角达到 45°时，所受力的水平分量达到最大值，超过 45°后，力的水平分量随着攻角的增大而减小，在相同攻角下，水平分量随着流速的增加而逐渐增大。

三、发展方向

波浪滑翔器的研制与发展主要受工业界推动，当前在应用研究方面比较深入，但理论研究相对滞后，同时全球只有美国 Liquid Robotics 公司具有系列产品，并形成了技术垄断。未来需要以流体力学、波浪理论等为基础，从波浪推进机理研究等理论源头出发，从根本上解决推进、耐波性等核心问题，进一步提高推进效率以使系统具有更佳的航行性能和载荷能力，最终打破技术垄断。

波浪滑翔器航行需要波浪环境，人工水池试验利于标准化测试，但难以模拟真实高海况，而海洋试验对于操纵性、控制等调试极为不便且费用高昂。研制前期建立合适的操纵性模型是进行运动机理分析、运动预报、运动控制等研究的基础。然而，目前的操纵性模型，或基于大量简化并沿袭常规船舶的建模方法，或仅考虑二维平面内运动进行多体动力学分析，其运动方程可信度和数值模拟精度仍未达到实用化的水平。一种可能的思路是基于多体动力学和流体力学理论，构建更为合理的波浪滑翔器空间运动操纵性模型，有效描述其在海洋环境中多自由度的复杂耦合运动。

波浪滑翔器独特的弱机动性和大扰动特性，与常规海洋无人航行器运动控制有所不同：一方面，需要探讨将智能控制、自适应等理论与常规 PID 控制算法相结合，提高系统控制性能以及对恶劣海洋环境的自适应能力；另一方面，借鉴和发展无人系统在智能体系结构、规划与决策等方面的研究成果，进一步提高波浪滑翔器的智能水平，使其具备长期、自主和可靠的作业能力。

---

[1] 李小涛．波浪滑翔器动力学建模及其仿真研究[D]．北京：中国舰船研究院，2014．
[2] ZHENG B H, XU C Y, YAO C L, et al. The effect of attack angle on the performance of wave glider wings[J]. Applied Mechanics and Materials，2015，727-728：587-591.

波浪滑翔器具有的独特能力,丰富了现有无人系统体系,未来波浪滑翔器极有可能与无人艇、无人机、无人潜器、潜标等装备共同组成异构无人作业系统,并涌现出波浪滑翔器协同控制、协同作业等新技术问题。因此,需要开展相应的研究以提高协同能力,拓展其作业模式和应用潜力。

从长期使用实践来看,现有波浪滑翔器的有效电气载荷能力偏低,仅达到瓦级水平,只能搭载一些低功耗的仪器设备(或低频间隙式工作),其能力拓展和广泛应用倍受限制。一种解决途径是深入研究海洋能源(如太阳能、波浪能、海流等)捕获、转化和高效利用技术,有效增加能量供给总量,从而提高波浪滑翔器的续航力及载荷能力。

第二节 多航态无人航行器

多航态无人航行器具有兼顾水面无人航行器高速性、半潜航行器高耐波性以及水下无人航行器隐蔽性的突出优点,可在恶劣海况下隐蔽地执行任务。近年来,多航态无人航行器已成为国内外研究的一个热点。

一、概述

多航态无人航行器是一种可以通过浮态调节和航速变化来切换低速水下航行、半潜快速航行以及水面高速航行 3 种航行状态的无人航行器。水下航行时采用以电池为动力的电力推进方式,半潜快速航行和水面高速航行时使用柴油机(电池)为动力的喷水推进或表面桨推进方式。半潜航行时仅兼作主机通风口的集成桅杆露于水面以上,高速航行时主艇体抬离水面进入滑行状态。

现阶段常规无人航行器使用方式单一,水下无人航行器航速较小,不能快速部署到指定位置,水上无人艇适航性和隐蔽性较差。而军用和民用领域对无人航行器长期、高速、隐蔽以及在恶劣海况下的水面和水下作业能力均有着迫切需求。多航态无人航行器具有兼顾水上无人艇高速性、半潜航行器高耐波性以及水下无人航行器隐蔽性的突出优点,可在恶劣海况下隐蔽地执行任务,在遇到紧急情况时可以快速切换至水面航行航态,快速逃离战场等敏感区域,极大地提高了无人航行器的作战效能。

多航态无人航行器能长期、隐蔽、自主地在海洋中执行使命任务,具备对水面/水下海洋环境的立体、持续感知能力,可完成远程预警、反潜、反水雷作战、水下-水面通信中继与导航、领海监视、海港安全和协同作战等一系列作战功能。同时多航态无人航行器作为一个无人海洋运载平台,可以在海洋中承担长期、自主、灵活、低廉的作业任务。因此,在民用领域具有非常广阔的应用前景,如海洋测绘与科学调查、环境监测、水文调查、气象预报等。

多航态无人航行器下半部分采用高性能滑行艇滑行面型线,上半部分采用基于水下无人航行器型线的低阻流线型型线,电力驱动,表面桨(喷水推进器)+电力推进器推进,主艇体及上层建筑均采用玻璃纤维材料。采用基于框架式模块结构,包括载体、智能控制、推进与操纵、通信、导航、环境感知、任务载荷等分系统。

二、国内外研制现状

目前,美国等国家已开展了针对多航态无人航行器的相关研究,并取得了一定成果。美国在发布的 USV 主计划和无人系统路线图中,提出的斯诺科勒(Snokeler)级 USV,为 7 m 级半潜式水面艇,航行过程中,除通气管外,艇体其余部分均在水下。相对于其他水面船舶,这种作业模式可在 7 级海况下提供更为稳定的平台,主要用于反水雷战、反潜战。

美国 Ocean Aero 公司提出了采用风能和太阳能供电的水面/水下无人航行器,可以完成长时间、大范围的多种水面和水下测量任务。

美国 Marion HSPD 公司研制了通过调节压载水舱完成水面高速快艇和水下潜艇转变的 Hyper-Sub。艇长 9.4 m,水面最大速度为 40 kn,最大航程为 800 km,可下潜至水下 76 m。为保证 Hyper-Sub 的水面航速,其压载舱室为船舱体积的 2 倍。

美国 SCUBACRAFT 公司研制了一艘名为 SCUBACRAFT 的快艇,集滑行艇和潜艇的功能于一身。"SCUBACRAFT"采用双体艇艇型,在水面滑行航速可达到 45 kn,艇身上部采用带有操纵面的流线型艇型,以减少在水下潜行时的阻力,最快航速可达到 3 kn。目前共开发出 SC3 和 SC6 两种艇型,其中 SC3 已经完成实艇试验。SC3 全长为 4.5 m,型宽为 2.1 m,艇高为 1.8 m,自重为 500 kg,载重为 400 kg。采用电力推进,配备 4 组 24 V 锂电池,续航时间为 90 min,航程为 80 n mile,最大潜深为 30 m,发动机功率为 160 hp(1 hp=735 W)。水面航行时采用喷水推进器,可产生 4 250 N 的推力。

英国 James-Fisher Defence 公司推出一艘名为"SEAL Carrier"的航行器,应用于蛙人秘密潜入。这艘航行器艇长为 10.45 m,型宽为 2.21 m,高为 1.65 m,型深为 0.5 m,满载质量为 4 000 kg,可搭载 2 名驾驶员,6 名蛙人。航行器配备了两套推进系统,可在 3 种模式下操作运行,包括水面航行模式、半潜航行模式及水下潜行模式。"SEAL Carrier"艇体前部、两侧和后部各布置了若干压载水舱,以保证不同航态下航行器浮态。

(1)水面航行模式。在水面航行模式下,"SEAL Carrier"由一台 345 hp 的柴油机搭配喷水推进器提供推力,油箱容积为 360 L,最高航速为 30 kn。

柴油机是 VM Motori 公司的 MR 706LX;输出功率为 257 kW(3 800 r/min);转矩为 700 N·m(2 600 r/min);喷水推进器型号为 RollsRoyce FF270。

(2)半潜航行模式。为了减少视觉可视度和雷达可见面积,航行器可转变为半潜航行状态,航行器主艇体大部分浸没在水下。使用柴油机和喷水推进器作为动力来源,空气经由液压空气泵吸入柴油机，驾驶员升高通气管防止海水进入，位于通气管内的传感器实时监测柴油机的密封性能并在监测到水压时切断柴油机使之停车。半潜航行模式最高航速为 6 kn，巡航速度为 4 kn。

(3) 水下潜行模式。航行器的推进器及其他设备都进行了耐压水密处理，这保证了航行器可在一定范围内水下潜行。航行器在水面航行或半潜航态时，柴油机自动对锂聚合物电池进行充电；在水下潜行模式下，锂电池对两台电力推进器提供能源。电量可供航行器以最快 5 kn 的速度航行 15 n mile，航行器水下巡航速度为 3 kn。

国内对多航态无人航行器的相关研究还处于起步阶段，尚无实艇方案。海军工程大学董文才等[1]研究了高速艇从压载半潜状态自由变深到高速滑行状态的水动力现象。中国船舶科学研究中心的吴宝山[2]利用 FLUENT 研究了 SUBOFF 潜艇模型在无限水域中的变攻角水动力曲线和带有攻角和漂角时的直航水动力性能。张楠等[3]采取求解 RANS 方程的方法结合 RNG 湍流模型，计算了某潜艇模型在近海底和近水面不同深度航行时的阻力、垂向力和俯仰力矩。朱爱军等[4]利用实验手段研究了水下航行器在不同潜深时受到的自由表面的影响。华中科技大学的刘娟等[5]利用分布源法数值求解了椭球体近水面运动的三维兴波现象。武汉理工大学的 Wu 等[6]利用奇异面元法数值计算了近水面直航椭球体的水动力性能。中科院沈阳自动化所开发了一种半潜无人航行器，基于翼身融合设计理念，以柴油发动机为动力，喷水推进器为推进设备，可在半潜状态高速航行（自主或遥控），并具有良好的操纵性能和海况适应能力，可执行水面监视侦察等任务，也可拖曳拖体开展海洋学调查等。

三、发展方向

综合国内外对多航态无人艇的研究现状，目前已经有实艇的建造和试验，并将进一步完善和优化。在水动力性能、智能控制、多艇协同等方向还有广阔的发展空间。

多航态无人艇需要承担水下航行时的特殊任务，同时也需要能够在水面高速航行，因此，艇型要求能够具有一定的水下航行特性，航态变化时要有优越的升力获取能力，同时也需要很好的水面航行性能。对于航态变化过程而言，艇型需要能够在较低航速下获得尽

---

[1] 董文才，岳国强，侯亚成，等.高速艇自由变深水动力试验研究[J].海军工程大学学报，2006，18(1)：57-62.
[2] WU B S, XING F, KUANG X F, et al. Investigation of hydrodynamic characteristics of submarine moving close to the sea bottom with CFD methods[J]. Journal of Ship Mechanics, 2005, 9(3): 19-28.
[3] 张楠，沈泓萃，姚惠之.潜艇近海底与近水面绕流数值模拟研究[J].船舶力学，2007，11(4)：498-507.
[4] 朱爱军，应良镁，郑宏，等.海底、海面对水下航行体阻力影响的模型试验研究[J].船舶力学，2012，16(4)：368-374.
[5] 刘娟，叶恒奎，杨向晖，等.水下航行体自由面兴波时域分析[J].船海工程，2006，5：15-17.
[6] WU J P, ZOU Z J, WANG R K. Number simulation of the nonlinear waves generated by a submerged ellipsoid[J]. Journal of Ship Mechanics, 2014, 8(12): 56-62.

可能大的升力和抬首力矩，保证其能够快速出水，切换到水面航行状态；对于水面航行过程而言，艇型需要能够较容易地越过阻力峰值，进入快速航行状态；而对于水下航行过程而言，艇型能在保持航行稳定的同时阻力性能相对最优。因此，针对以上特点，多航态无人艇的艇型需要进行创新性的设计，以满足航态变化和水面高速航行的需求。

多航态无人艇低速时在水下航行，随着航速的增大，将逐渐由水下航行状态转变为水面排水航行直至水面滑行状态。在此过程中，多航态无人艇主要经历 3 个阶段的航态变化。而多航态无人艇控制系统存在的本质非线性、模型不确定性、非完整性、复杂的约束条件以及外界干扰等特点，特别是在处于相邻航态之间的切换面运动时，水平面和垂直面运动的耦合影响，会给运动控制带来困难。航向的保持以及按照预期指令同时转向和变速很可能会造成控制输出的振荡甚至发散。因此，一方面需要探讨将智能控制、自适应等理论同常规 PID 控制算法相结合，提高系统控制性能以及对恶劣海洋环境的自适应能力，另一方面，借鉴和发展无人系统在智能体系结构、规划与决策等方面的研究成果，进一步提高多航态无人艇的智能水平，使其具备长期、自主、可靠的作业能力。

多航态无人艇具有的独特能力，丰富了现有无人系统体系，未来将与其他有人舰艇、无人艇、无人机、无人潜器、潜标等装备共同组成异构无人作业系统，进行协同作业。任务高度并发、功能强大而全面，天然冗余是无人系统协同作业的突出优势，也是未来发展的主要方向。

参 考 文 献

[1] 崔健. 具有一定避碰功能的无人复合三体船模操纵运动模式分析研究[D]. 镇江：江苏科技大学，2013.
[2] 李小涛. 波浪滑翔器动力学建模及其仿真研究[D]. 北京：中国舰船研究院，2014.
[3] 刘旸. 智能高速水面艇三维视景可视化仿真研究[D]. 哈尔滨：哈尔滨工程大学，2007.
[4] 高双. 高速无人艇的建模与控制仿真[D]. 哈尔滨：哈尔滨工程大学，2007.
[5] 王伟. 多航态无人航行器概念设计及水动力性能分析[D]. 哈尔滨：哈尔滨工程大学，2016.
[6] 刘鹏，苏玉民，廖煜雷，等. 滑波航行器的水动力试验[J]. 上海交通大学学报，2015，49(2)：239-244.
[7] 朱炜，张磊. 现代水面无人艇技术[J]. 造船技术，2017(2)：1-6.
[8] 韩超. 基于 ZIGBEE/ARM 的无人调查双体船的设计[D]. 青岛：青岛科技大学，2014.
[9] 王军良. 军用无人平台的未来[J]. 国外坦克，2007(11)：24-26.
[10] 王敏捷. USV 自适应局部危险规避方法研究[D]. 哈尔滨：哈尔滨工程大学，2012.
[11] 邱健. 致命幽灵美法联合发展水面无人艇项目[J]. 国际展望，2005(2)：50-53.
[12] 汤世松. 水面无人艇组合导航系统的研究与设计[D]. 南京：东南大学，2015.
[13] 李红军. 美国"反潜战持续跟踪无人艇"对反潜战的影响[J]. 现代军事，2017(3)：47-50.
[14] 杨学斌. 无人艇体系结构研究[D]. 大连：大连海事大学，2011.
[15] 董早鹏. 基于非对称模型的欠驱动 USV 运动控制技术研究[D]. 哈尔滨：哈尔滨工程大学，2016.
[16] 李美林. 水面移动机器人轨迹规划与实验研究[D]. 沈阳：沈阳理工大学，2012.
[17] 张操. 无人水面船运动控制体系结构及航迹跟踪控制方法研究[D]. 哈尔滨：哈尔滨工程大学，2014.
[18] 杜婷茹. 无人艇信息网络及控制系统设计[D]. 大连：大连海事大学，2014.
[19] 方超. 基于北斗的无人船艇的数据传输系统研究[D]. 厦门：集美大学，2017.
[20] 杨学斌. 无人艇体系结构研究[D]. 大连：大连海事大学，2011.
[21] 廖煜雷. 无人艇的非线性运动控制方法研究[D]. 哈尔滨：哈尔滨工程大学，2012.

[22] 岳晋. 喷水推进无人艇六自由度运动建模与仿真研究[D]. 大连：大连海事大学, 2016.

[23] 杨怀. USV路径规划算法的研究[D]. 大连：大连海事大学, 2016.

[24] 曾文静. 基于光视觉的无人艇水面目标检测与跟踪研究[D]. 哈尔滨：哈尔滨工程大学, 2013.

[25] 陈强. 水下无人航行器[M]. 北京：国防工业出版社, 2014.

[26] 黄胜. 船舶推进器节能技术与特种推进器[M]. 哈尔滨：哈尔滨工程大学出版社, 1998.

[27] 朱英富. 水面舰船设计新技术[M]. 哈尔滨：哈尔滨工程大学出版社, 2004.

[28] 刘寅东. 船舶设计原理[M]. 北京：国防工业出版社, 2010.

[29] 崔维成, 刘应中, 葛春花, 等. 海上高速船水动力学[M]. 北京：国防工业出版社, 2007.

[30] 李百齐. 21世纪海洋高性能船[M]. 北京：国防工业出版社, 2001.

[31] 中国船级社. 海上高速船入级与建造规范[S]. 北京：中华人民共和国交通运输部, 2005.

[32] 中国船级社. 沿海小艇入级与建造规范[S]. 北京：中华人民共和国交通运输部, 2005.

[33] 徐青. 舰船总体设计流程分析[J]. 中国舰船研究, 2012, 7(5)：1-7.

[34] 邵开文, 马运义. 舰船技术与设计概论[M]. 北京：国防工业出版社, 2005.

[35] 孙华伟. 三体滑行艇船型与阻力性能研究[D]. 哈尔滨：哈尔滨工程大学, 2010.

[36] 邵世明, 王云才. 高速艇动力学[M]. 上海：上海交通大学出版社, 1990.

[37] 董祖舜. 快艇动力学[M]. 武汉：华中理工大学出版社, 1994.

[38] 赵连恩, 谢永和. 高性能船舶原理与设计[M]. 北京：国防工业出版社, 2009.

[39] 岳国强, 姚朝帮, 董文才. 深V形滑行艇静水阻力性能影响因素研究[J]. 中国舰船研究, 2009, 4(3)：24-26.

[40] 董文才, 岳国强. 深V形滑行艇纵向运动试验研究[J]. 船舶工程, 2004, 26(2)：14-16.

[41] 董文才, 郭日修. 滑行艇阻力研究进展[J] 船舶力学, 2000, 4(4)：68-81.

[42] 朱凯. 滑行艇的型线优化设计及性能分析[D]. 哈尔滨：哈尔滨工程大学, 2007.

[43] 董文才, 郭日修, 刘希武. 断阶滑行艇气层减阻试验研究[J]. 水动力学研究与进展（A辑）, 2002, 17(4)：440-447.

[44] 刘谦, 候玉堂, 王振涛, 等. 高速双体滑行艇设计试验研究[J]. 船舶工程, 1999, 2：16-20.

[45] 刘谦, 庞立国, 王鲁. 高性能双体滑行艇设计[J]. 船舶, 2001(1)：26-32.

[46] 刘谦, 候玉堂, 余吾弟, 等. 双体滑行艇主尺度、线型和槽道参数对快速性的影响[J]. 中国造船, 1998(3)：7-15.

[47] 苏永昌,赵连恩. 高性能槽道滑行艇的运动特性[J]. 中国造船,1996(1):11-16.

[48] 迟云鹏,孟宪钦. 高速槽道艇阻力及耐波性能试验研究[J] 船舶工程,1995(3):27-31.

[49] 刘玉川. 高速双体滑行艇加装水翼试验研究[J]. 江苏船舶,2008,25(2):5-6.

[50] 迟云鹏,王少新,孟宪钦,等. 槽道水翼滑行艇阻力性能试验研究[J]. 大连理工大学学报,1996(4):466-470.

[51] 马超. 阻流板和尾压浪板对滑行艇阻力性能影响[D]. 哈尔滨:哈尔滨工程大学,2012.

[52] 赵连恩,李积德,何义. 槽道水翼滑行艇快速性能研究[J]. 中国造船,1997(3):1-8.

[53] 王庆旭. 三体滑行艇阻力和稳定性研究[D]. 哈尔滨:哈尔滨工程大学,2012.

[54] 刘谦,庞立国,雷韵鸿. 三体消波滑行艇工作原理及技术特点研究[J]. 江苏船舶,2000,17(1):6-7.

[55] 唐建飞,黄武刚. M船型阻力模型试验研究[J]. 中国舰船研究,2014(5):49-52.

[56] 陈辉. M船型水气两相流场特性研究[D]. 武汉:武汉理工大学,2011.

[57] 高扬. M型高速槽道滑行艇概念设计[D]. 哈尔滨:哈尔滨工程大学,2013.

[58] 黄武刚. M型艇与槽道型艇的阻力和耐波性比较[J]. 船海工程,2015(1):56-59.

[59] 唐达列. 近年国外水翼船和水翼双体船开发动态[J]. 水运科技信息,1994(1):7-9.

[60] 唐达列. 日立造船公司开发水翼助航双体船[J]. 水运科技信息,1994(5):27-28.

[61] 钱振亮. 开发新型水翼双体船[J]. 江苏船舶,1990(4):42-49.

[62] GUNTHER M,NIKOLAI K. 现代多体水翼艇的发展[R]. 上海:第九届中国国际船艇及其技术设备展览会暨高性能船技术报告会,2004.

[63] 汪建午,柯建平. 对滑行艇设计的几点思考[J]. 江苏船舶,2001,18(4):5-8.

[64] 邵世明,王文富,陈龙. 长宽比对滑行艇阻力的影响[J]. 上海交通大学学报,1999,33(3):374-376.

[65] 蒯挺适. 军用快艇设计基础知识[M]. 北京:国防工业出版社,1992.

[66] 卢晓平,朱学山,董祖舜,等. 消波水翼和压浪板对高速圆毗艇航态与阻力的影响[J]. 中国造船,1999(3):25-30.

[67] 李云晖. 防溅条对滑行艇水动力性能的影响分析[D]. 哈尔滨:哈尔滨工程大学,2015.

[68] 刘谦,王振涛. 高速双体滑行艇的特点、用途及发展动向[J]. 江苏船舶,1998(1):12-15.

[69] 周进. 带固定水翼滑行艇阻力与耐波性能研究[D]. 哈尔滨:哈尔滨工程大学,2017.

[70] 苏广胜. 三体滑行艇艇型设计与水动力性能预报研究[D]. 哈尔滨:哈尔滨工程大学,2017.

[71] 朱鑫,段文洋,陈云赛,等.滑行艇规则波中迎浪运动响应的时域解[J].哈尔滨工程大学学报,2013,34(9):1094-1100.

[72] 吴乘胜,朱德祥,顾民.数值波浪水池及顶浪中船舶水动力计算[J].船舶力学,2008,12(2):168-179.

[73] 胡士强,敬忠良.粒子滤波原理及其应用[M].北京:科学出版社,2010.

[74] 康崇禄.蒙特卡罗方法理论和应用[M].北京:科学出版社,2015.

[75] 梁琳,何卫平,雷蕾,等.光照不均图像增强方法综述[J].计算机应用研究,2010,27(5):1625-1628.

[76] 盛道清.图像增强算法的研究[D].武汉:武汉科技大学,2007.

[77] 于天河,郝富春,康为民,等.红外图像增强技术综述[J].红外与激光工程,2007,36(s2):335-338.

[78] 赵春燕,郑永果,王向葵.基于直方图的图像模糊增强算法[J].计算机工程,2005,31(12):185-186.

[79] 张燕红,齐玉东,王卫玲,等.直方图均衡化在图像增强中的应用及实现[J].世界科技研究与发展,2010,32(1):36-38.

[80] 唐娅琴.几种图像平滑去噪方法的比较[J].西南大学学报(自然科学版),2009,31(11):125-128.

[81] 邹启杰,张汝波.支持混合主动交互的USV可变自主系统结构研究[J].华中科技大学学报(自然科学版),2015,43(增刊):127-131.

[82] 张汝波,邹启杰,杨歌,等.不确定性下USV可变自主控制结构及算法[J].系统工程与电子技术.2014,36(1):128-135.

[83] 饶森.水面无人艇的全局路径规划技术研究[D].哈尔滨:哈尔滨工程大学,2007.

[84] 韩鹏.地理信息系统开发:Map Objects方法[M].武汉:武汉大学出版社,2004.

[85] 鲍培明.距离寻优中Dijkstra算法的优化[J].计算机研究与发展,2001,38(3):307-311.

[86] 庄佳园,万磊,廖煜雷,等.基于电子海图的水面无人艇全局路径规划研究[J].计算机科学,2011,38(9):211-219.

[87] 葛汶鑫.PID控制技术平衡动态倒立摆的探索[J].信息通信,2017(5):17-18.

[88] 李岳明.多功能自主式水下机器人运动控制研究[D].哈尔滨:哈尔滨工程大学,2013.

[89] 郭丽.面向PID电力系统信息安全自动控制研究[J].科技通报,2013,29(2):39-41.

[90] 邹连学,齐琳,王卓.基于参数Fuzzy自整定PID控制的电加热炉温控系统[J].科技经济市场,2011(5):13-14.

[91] 廖常初.PID参数的意义与整定方法[J].自动化应用,2010(5):27-29.

[92]周云涛. PID控制系统工作原理以及参数的调整方法[J]. 新疆有色金属, 2017, 40(3): 103-105.

[93]李尧. 高精度恒温槽控制系统设计与实现[D]. 西安: 西安工程大学, 2015.

[94]李格伦. 轮式移动机器人运动控制系统的设计[D]. 哈尔滨: 东北农业大学, 2017.

[95]赵勃. 局部未知环境下移动机器人路径规划方法的研究与实现[D]. 哈尔滨: 哈尔滨工业大学, 2006.

[96]沈伟. 模糊PID控制在水下机器人运动控制中的应用[D]. 哈尔滨: 哈尔滨工程大学, 2005.

[97]ZADEH L A. Fuzzy sets[J]. Information and Control, 1965, 8(3): 338-353.

[98]孙增圻, 邓志东, 张再兴. 智能控制理论与技术[M]. 北京: 清华大学出版社, 2011.

[99]郑曙光. 基于模糊、神经网络技术的水下机器人运动控制的研究[D]. 哈尔滨: 哈尔滨工程大学, 2003.

[100]孙玉山. 水下机器人模糊自适应控制的研究[D]. 哈尔滨: 哈尔滨工程大学, 2005.

[101]周辉军. 基于模糊理论的水下机器人运动控制研究[D]. 青岛: 中国海洋大学, 2007.

[102]戴军. 基于遗传算法的水下机器人模糊控制器设计[D]. 哈尔滨: 哈尔滨工程大学, 2002.

[103]朱骋, 庄佳园, 张磊, 等. 无人水面艇自适应路径跟踪算法[J]. 导航与控制, 2019, 18(1): 44-50.

[104]阎平凡, 张长水. 人工神经网络与模拟进化计算[M]. 北京: 清华大学出版社, 2000.

[105]刘志雄. 调度问题中的粒子群优化方法及其应用研究[D]. 武汉: 武汉理工大学, 2005.

[106]廖煜雷. 无人艇的非线性运动控制方法研究[D]. 哈尔滨: 哈尔滨工程大学, 2012.

[107]李晓磊. 一种新型的智能优化方法-人工鱼群算法[D]. 杭州: 浙江大学, 2003.

[108]廖煜雷, 刘鹏, 王建, 等. 基于改进人工鱼群算法的无人艇控制参数优化[J]. 哈尔滨工程大学学报, 2014, 35(7): 800-806.

[109]丁福光, 吴静, 隋玉峰. 基于反步法的欠驱动船舶镇定控制[J]. 计算机仿真, 2013, 30(10): 377-381.

[110]付悦文. 小型无人艇的无模型自适应跟踪方法研究[D]. 哈尔滨: 哈尔滨工程大学, 2017.

[111]孙明轩, 黄宝健. 迭代学习控制[M]. 北京: 国防工业出版社, 1999.

[112]杨俊华, 吴捷, 胡跃明. 反步方法原理及在非线性鲁棒控制中的应用[J]. 控制与决策, 2002, 17(增刊1): 641-647.

[113]毕凤阳. 欠驱动自主水下航行器的非线性鲁棒控制策略研究[D]. 哈尔滨: 哈尔滨工

业大学，2010.

[114] 刘金琨. 滑模变结构控制 MATLAB 仿真[M]. 北京：清华大学出版社，2005.

[115] 甘永. 水下机器人运动控制系统体系结构的研究[D]. 哈尔滨：哈尔滨工程大学，2007.

[116] 张汝波，顾国昌，杨歌，等. 具有学习能力的智能机器人体系结构研究[J]. 华中科技大学学报(自然科学版)，2004(增刊1)：58-60.

[117] 张磊. 基于 Agent 的水下机器人运动控制系统体系结构[D]. 哈尔滨：哈尔滨工程大学，2011.

[118] 廖煜雷. 无人艇的非线性运动控制方法研究[D]. 哈尔滨：哈尔滨工程大学，2012.

[119] 丁亚非. 长航程潜水器智能运动控制技术研究[D]. 哈尔滨：哈尔滨工程大学，2009.

[120] 廖煜雷，万磊，庄佳园. 喷水推进型无人水面艇的嵌入式运动控制系统研究[J]. 高技术通讯，2012，22(4)：416-422.

[121] 梁霄. 微小型水下机器人运动控制及可靠性研究[D]. 哈尔滨：哈尔滨工程大学，2008.

[122] 中国人民解放军总装备部. 电子设备可靠性预计手册：GJB/Z 299C—2006[S]. 北京：总装备部军标出版发行部，2007.

[123] 张英. 三峡升船机控制系统设计和可靠性研究[D]. 西安：西北工业大学，2006.

[124] 周勤康. 专业化散货码头装卸系统可靠性分析[J]. 港工技术，1997(4)：14-19.

[125] 朱继洲. 故障树原理和应用[M]. 西安：西安交通大学出版社，1989.

[126] 周冉才，刘少军，邓突，等. 100 MN 多向模锻水压机计算机控制[J]. 机床与液压，2007，35(5)：211-213.

[127] 宋保维，毛昭勇，王雯琴，等. 基于故障树分析的鱼雷可靠性评定[J]. 系统仿真学报，2007，19(5)：2180-2182.

[128] 孙红梅，高齐圣，朴营国. 关于故障树分析中几种典型重要度的研究[J]. 可靠性与环境适应性理论研究，2007，25(2)：39-42.

[129] 张涛. 非法计算故障的检测技术研究[D]. 武汉：华中师范大学，2007.

[130] 邵正荣. 大型泵站系统可靠性分析研究[D]. 扬州：扬州大学，2005.

[131] 刘凤生，曹贻群. 远望1号(2号)测量船自动调节系统故障树分析[J]. 船舶，1995(4)：33-41.

[132] 吴迪. 干散货船航行安全风险及其控制问题探讨[D]. 上海：上海海事大学，2006.

[133] 杨勇虎. 船舶动力装置寿命预测与风险评估的研究及系统开发[D]. 武汉：武汉理工大学，2003.

[134] 李江龙. 空空导弹系统可靠性研究[D]. 哈尔滨：哈尔滨工程大学，2015.

参考文献

[135] 李皓. 长江三峡五级船闸运行控制系统评估与仿真[D]. 西安：西北工业大学, 2001.

[136] 苏毅, 万敏. 高能激光系统[M]. 北京：国防工业出版社, 2004.

[137] 李博远. 基于故障树和层次分析法的可靠性分配方法研究与系统实现[D]. 合肥：中国科学技术大学, 2014.

[138] 李岳林, 王生昌. 交通运输环境污染与控制[M]. 北京：机械工业出版社, 2003.

[139] 曾声奎, 赵廷弟, 张建国, 等. 系统可靠性设计分析教程[M]. 北京：北京航空航天大学出版社, 2001.

[140] 韩正铜. 磨削颤振与磨削表面形貌误差的研究[M]. 徐州：中国矿业大学出版社, 2005.

[141] 陈红霞. 以微机为基础的铁路信号设备可靠性设计与分析[D]. 成都：西南交通大学, 2005.

[142] 李新虎. 串联系统综合因子可靠性分配法[J]. 宝鸡文理学院学报（自然科学版）, 2007(1)：70-72.

[143] 何巨东. 接触网中间支柱系统可靠性研究[D]. 成都：西南交通大学, 2009.

[144] 李亨. 焊接机器人系统可靠性设计技术的研究与应用[J]. 计算机产品与流通, 2018(11)：99.

[145] 王威. 基于可靠性的热网结构及其输送备用能力的研究[D]. 哈尔滨：哈尔滨工业大学, 2008.

[146] 向宇, 黄大荣, 黄丽芬. 基于灰色关联理论AGREE方法的BA系统可靠性分配[J]. 计算机应用研究, 2010, 27(12)：4489-4491.

[147] 张蓉. 某防空火箭炮发射动力学分析与结构轻量化研究[D]. 南京：南京理工大学, 2008.

[148] 庞丽. 自动打孔装订机的可靠性设计[D]. 天津：天津大学, 2004.

[149] 张瑞鸽. 系统可靠性分配方法及其应用研究[J]. 电子世界, 2017(13)：89.

[150] 郑君, 张冬泉. 故障诊断技术[J]. 电气时代, 2008(5)：96-98.

[151] 田少鹏. 卫星导航技术应用发展[J]. 指挥信息系统与技术, 2014, 5(2)：50-55.

[152] 武虎子. 国内外卫星导航技术发展综述[J]. 现代防御技术, 2008, 36(5)：46-51.

[153] 周祖渊. 全球卫星导航系统的构成及其比较[J]. 重庆交通大学学报（自然科学版）, 2008(11)：999-1004.

[154] 张天光. 捷联惯性导航技术[M]. 北京：国防工业出版社, 2007.

[155] 于莹莹. 单轴旋转式捷联惯导系统误差调制技术研究[D]. 哈尔滨：哈尔滨工程大学, 2013.

[156] 高社生. 组合导航原理及应用[M]. 西安：西北工业大学出版社, 2012.

[157]李鹏程．组合导航及其滤波算法研究[D]．西安：西安电子科技大学，2010．

[158]徐金华．降阶扩展卡尔曼滤波算法在船用INS/GPS组合导航系统中的应用[J]．中国惯性技术学报，2007，15(3)：299-306．

[159]沈凯．扩展卡尔曼滤波在组合导航中的应用[J]．传感器与微系统，2017，36(8)：158-160．

[160]姚国文．组合导航系统及其滤波算法研究[D]．西安：西安电子科技大学，2007．

[161]罗建军．组合导航原理与应用[M]．西安：西北工业大学出版社，2012．

[162]孙军．无线电通信发展与创新分析[J]．通信设计与应用，2016(3)：11-12．

[163]黄华山．浅谈卫星通信的应用发展现状[J]．工业创新导报，2014(25)：81-82．

[164]仲伟波．无人艇通讯导航控制系统设计与实现[J]．中国造船，2018，59(1)：207-214．

[165]骆光明．数据链：信息系统连接武器系统的捷径[M]．北京：国防工业出版社，2014．

[166]李亚梅．光纤陀螺测试与标定技术研究[D]．哈尔滨：哈尔滨工程大学，2010．

[167]刘天宇．无线电通信技术之通信方法拓新[J]．中小企业管理与科技(下旬刊)，2010(27)：157-158．

[168]欧云杰．移动通信系统的传播模型研究与应用[D]．北京：北京邮电大学，2011．

[169]徐永太．卫星通信技术研究[J]．电信网技术，2015(1)：52-57．

[170]刘翠海．美军战术数据链的发展及作战运用[J]．电讯技术，2007，47(5)：6-10．

[171]李传广．数据链通信在军事领域的前世今生[J]．成功(教育)，2010(2)：40-41．

[172]陈燚．水面无人艇基于优化的协同策略及实现的初步研究[D]．镇江：江苏科技大学，2016．

[173]刘金琨．智能控制[M]．北京：电子工业出版社，2014．

[174]龙涛，沈林成，朱华勇，等．面向协同任务的多UCAV分布式任务分配与协调技术[J]．自动化学报，2007，33(7)：731-737．

[175]李东正，郝燕玲，张振兴．基于主从结构的多水下机器人协同路径规划[J]．计算机仿真，2015，1：382-387．

[176]张昆玉．基于优化理论的AUV协同任务规划方法研究[D]．哈尔滨：哈尔滨工程大学，2018．

[177]何斌．多AUV编队控制与协同搜索技术研究[D]．哈尔滨：哈尔滨工程大学，2017．

[178]刘洋．多无人艇协同搜索方法研究[D]．大连：大连海事大学，2017．

[179]余睿．基于测距的主从式AUV协同导航算法研究[D]．杭州：浙江大学，2018．

[180]高伟，杨建，刘菊，等．考虑通信延迟的多水面无人艇协同定位算法[J]．哈尔滨工程大学学报，2013，34(12)：1490-1496．

[181]袁健．水面无人艇一致性协同控制方法研究[J]．智能机器人，2016(6)：37-39．

[182]邢小军,席奥,闫建国.多无人机协同编队最优鲁棒控制方法研究[J].西北工业大学学报,2013,31(5):722-726.

[183]姜大鹏.多水下机器人协调控制技术研究[D].哈尔滨:哈尔滨工程大学,2011.

[184]陈强.水下无人航行器[M].北京:国防工业出版社,2014.

[185]张晓东,刘世亮,刘宇,等.无人水面艇收放技术发展趋势探讨[J].中国舰船研究,2018,13(6):50-57.

[186]杜聪聪,李武军,陈朝浪,等.固定翼无人机回收与发射系统发展综述[J].科技传播,2016(7):113-115.

[187]周尚波.时延神经网络系统的Hopf分岔、混沌及其控制研究[D].成都:电子科技大学,2003.

[188]郗强.具有混合时滞和分段常数变元的脉冲神经网络的稳定性的分析[D].济南:山东大学,2014.

[189]飞思科技产品研发中心.神经网络理论与MATLAB 7实现[M].北京:电子工业出版社,2006.

[190]陈雯柏.人工神经网络原理与实践[M].西安:西安电子科技大学出版社,2015.

[191]何玉彬.神经网络控制技术及其应用[M].北京:科学出版社,2000.

[192]刘鹏,苏玉民,刘焕兴,等.串列异步拍动翼推进性能分析[J].上海交通大学学报,2014,48(4):457-463.

[193]胡合文.波浪滑翔机的水动力分析[D].哈尔滨:哈尔滨工程大学,2015.

[194]田宝强,俞建成,张艾群,等.波浪驱动无人水面机器人运动效率分析[J].机器人,2014,36(1):43-48.

[195]JIA L J, ZHANG X M, QI Z F, et al. Hydrodynamic analysis of submarine of the wave glider[J]. Applied Mechanics and Materials, 2014, 834: 1505-1511.

[196]ZHENG B H, XU C Y, YAO CL, et al. The effect of attack angle on the performance of wave glider wings[J]. Applied Mechanics and Materials, 2015, 727/728: 587-591.

[197]董文才,岳国强,侯亚成,等.高速艇自由变深水动力试验研究[J].海军工程大学学报,2006,18(1):57-62.

[198]WU B S, XING F, KUANG X F, et al. Investigation of hydrodynamic characteristics of submarine moving close to the sea bottom with CFD methods[J]. Journal of Ship Mechanics, 2005, 9(3): 19-28.

[199]张楠,沈泓萃,姚惠之.潜艇近海底与近水面绕流数值模拟研究[J].船舶力学,2007,11(4):498-507.

[200]朱爱军,应良镁,郑宏,等.海底、海面对水下航行体阻力影响的模型试验研

究[J]. 船舶力学, 2012, 16(4): 368-374.

[201] 刘娟, 叶恒奎, 杨向晖, 等. 水下航行体自由面兴波时域分析[J]. 船海工程, 2006(5): 15-17.

[202] WU J P, ZOU Z J, WANG R K. Number simulation of the nonlinear wavesgenarated by a submerged ellipsoid[J]. Journal of Ship Mechanics, 2014, 8(12): 56-62.